杭州全书编纂指导委员会

杭州全书编辑委员会

王国平 总主编

阮元与西湖

张慧琴　陈亚娜　著

杭州出版社

杭州全书总序

城市是有生命的。每座城市，都有自己的成长史，有自己的个性和记忆。人类历史上，出现过不计其数的城市，大大小小，各具姿态。其中许多名城极一时之辉煌，但随着世易时移，渐入衰微，不复当年雄姿；有的甚至早已结束生命，只留下一片废墟供人凭吊。但有些名城，长盛不衰，有如千年古树，在古老的根系与树干上，生长的是一轮又一轮茂盛的枝叶和花果，绽放着恒久的美丽。杭州，无疑就是这样一座保持着恒久美丽的文化名城。

这是一座古老而常新的城市。杭州有8000年文化史、5000年文明史。在几千年历史长河中，杭州文化始终延绵不绝，光芒四射。8000年前，跨湖桥人凭着一叶小木舟、一双勤劳手，创造了辉煌的“跨湖桥文化”，浙江文明史因此上推了1000年；5000年前，良渚人在“美丽洲”繁衍生息，耕耘治玉，修建了“中华第一城”，创造了灿烂的“良渚文化”，被誉为“东方文明的曙光”。而隋开皇年间置杭州、依凤凰山建造州城，为杭州的繁荣奠定了基础。此后，从唐代“灯火家家市，笙歌处处楼”的东南名郡，吴越国时期“富庶盛于东南”的国都，北宋时即被誉为“上有天堂，下有苏杭”的“东南第一州”，南宋时全国的政治、经济、科教、文化中心，元代马可·波罗眼中的“世界上最美丽华贵之天城”，明代产品“备极精工”的全国纺织业中心，清代接待康熙、乾隆几度“南巡”的旅游胜地、人文渊薮，民国时期文化名人的集中诞生地，直到新中国成立后的湖山新貌，尤其是近年来为世人称羡不已的“最具幸福感城市”——杭州，不管在哪个历史阶段，都让世人感受到她的分量和魅力。

这是一座勾留人心的风景之城。“淡妆浓抹总相宜”的“西湖天下景”，“壮观天下无”的钱江潮，“至今千里赖通波”的京杭大运河（杭州段），蕴涵着“梵、隐、俗、闲、野”的西溪烟水，三秋桂子，十里荷花，杭州的一山一水、一草一木，都美不胜收，令人惊艳。今天的杭州，西湖成功申遗，中国最佳旅游城市、东方休闲之都、国际花园城市等一顶顶“桂冠”相继获得，杭州正成为世人向往之“人间天堂”“品质之城”。

这是一座积淀深厚的人文之城。8000年来，杭州“代有才人出”，文化名人灿若繁星，让每一段杭州历史都不缺少光华，而且辉映了整个华夏文明的星空；星罗棋布的文物古迹，为杭州文化添彩，也为中华文明增重。今天的杭州，文化春风扑面而来，经济“硬实力”与文化“软实力”相得益彰，文化事业与文化产业齐头并进，传统文化与现代文明完美融合，杭州不仅是“投资者的天堂”，更是“文化人的天堂”。

杭州，有太多的故事值得叙说，有太多的人物值得追忆，有太多的思考需要沉淀，有太多的梦想需要延续。面对这样一座历久弥新的城市，我们有传承文化基因、保护文化遗产、弘扬人文精神、探索发展路径的责任。今天，我们组织开展杭州学研究，其目的和意义也在于此。

杭州学是研究、发掘、整理和保护杭州传统文化和本土特色文化的综合性学科，包括西湖学、西溪学、运河（河道）学、钱塘江学、良渚学、湘湖（白马湖）学等重点分支学科。开展杭州学研究必须坚持“八个结合”：一是坚持规划、建设、管理、经营、研究相结合，研究先行；二是坚持理事会、研究院、研究会、博物馆、出版社、全书、专业相结合，形成“1+6”的研究框架；三是坚持城市学、杭州学、西湖学、西溪学、运河（河道）学、钱塘江学、良渚学、湘湖（白马湖）学相结合，形成“1+1+6”的研究格局；四是坚持全书、丛书、文献集成、研究报告、通史、辞典相结合，形成“1+5”的研究体系；五是坚持党政、企业、专家、媒体、市民相结合，形成“五位一体”的研究主体；六是坚持打好杭州牌、浙江牌、中华牌、国际牌相结合，形成“四牌共打”的运作方式；七是坚持权威性、学术性、普及性相结合，形成“专家叫好、百姓叫座”的研究效果；八是坚持有章办事、有人办事、有钱办事、有房办事相结合，形成良好的研究保障体系。

《杭州全书》是杭州学研究成果的载体，包括丛书、文献集成、研究报告、通史、辞典五大组成部分，定位各有侧重：丛书定位为通俗读物，突出“俗”字，做到有特色、有卖点、有市场；文献集成定位为史料集，突出“全”字，做到应收尽收；研究报告定位为论文集，突出“专”字，围绕重大工程实施、通史编纂、世界遗产申报等收集相关论文；通史定位为史书，突出“信”字，体现系统性、学术性、规律性、权威性；辞典定位为工具书，突出“简”字，做到简明扼要、准确权威、便于查询。我们希望通过编纂出版《杭州全书》，全方位、多角度地展示杭州的前世今生，发挥其“存史、释义、资政、育人”作用；希望人们能从《杭州全书》中各取所需，追寻、印证、借鉴、取资，让杭州不仅拥有辉煌的过去、璀璨的今天，还将拥有更加美好的明天！

是为序。

王国平

2012年10月

西湖全书序

古老而时尚的杭州，早已以“天堂”的盛誉闻名于世。而天堂里的阆苑仙葩，则毫无悬念地非西湖莫属。作为杭州一张响当当的金名片，经过近两千年的辛勤开发，西湖秀美的湖光山色，悠远深厚的文化内涵，丰富延续的文化传承，真实厚重的文化史迹，多彩包容的人文价值，雅俗共赏的文化品位，早已使其成为具有杰出精神栖居功能的文化名湖，并以独特的文化景观被世人认同、称道、仿效和熟知。她成了唐宋以降中国文化精英和包括东亚地区众多文化交流学者魂牵梦绕的文化圣地。如果说一个城市历史文化品格的延续，决定于其文化传承的完整和深广的话，那么历史对杭州西湖简直是太垂青了。世世代代灿若繁星的文化名人和活跃于巷尾街头的说唱艺人，在西湖文化的浸淫和抚慰中，将西湖的文化基因安排得传承有序、载籍丰衍、研究深入、考辨有据。2011年，幸运之神再次降临杭州西湖。西湖以无与伦比的千姿百态，赢得了世界文化遗产委员会全体委员的青睐，获全票通过，成为了中国乃至世界上第一个以“文化名湖”申遗成功的世界文化景观遗产。

西湖的申遗成功，将西湖的知名度、美誉度推向一个新的高度。作为西湖文化最前沿和最直接的守望者、捍卫者和传承者，我们西湖学研究院全体同人，义不容辞地承担起更庄重的责任，作出更严肃的承诺，立誓要有更多的贡献。记得本世纪初，当西湖申遗工作正式展开的号角，刚吹彻西湖碧水蓝天一色的空袤中，向世界庄严宣示杭州人民申遗决心的时候，我们就在市委、市政府的领导下，积极开展和推动了西湖学的研究，并取得了不少成果。陆续编辑出版了《西湖文献集成》30册，在得到领导、社会和专家首肯和好评的同时，并为西湖申遗文本的撰写工作提供了众多实证和资料，助了申遗专家的一臂之力。同时，我们还将有鲜明特色、雅俗共赏的54种《西湖丛书》呈现在广大读者面前，它们有卖点、有市场，获得颇佳的社会口碑。更值得我们欣慰的是，经过十余年孜孜不倦的努力，我们在推出众多研究成果的同时，还在西湖学研究院周围，集聚了一批高水准的专业人才，并将西湖学的研究推向了社会，推向了境内外，使西湖学这门既充溢着浓烈杭州乡土特色又具有广阔视野、研究价值的学科，得到了众多优秀人士的关注、理解和支持，为今后西湖学的深入研究和开展奠定了坚实的基础。

千里之行，始于足下。昨天的成绩，已成为历史的印迹和记忆。朝霞每一天都是新的，新时代的新使命已又一次向我们召唤。我们要做西湖文化的薪火传人，责无旁贷地承担起西湖文化研究的职责。为此，我们将以更大的热情、更坚定的决心，把包括《西湖丛书》、《西湖文献集成》、《西湖研究报告》、《西湖通史》、《西湖辞典》五大组成部分的西湖全书，以不同定位、不同侧重、不同韵味的编撰方式，全方位、多角度地展示西湖之美，并以期早日编辑完成，将西湖学的研究成果贡献给社会。这就是今天我们陆续编辑出版这套西湖全书时最真实的心声。诚然，我们虽持有极大的信心，亦作了最认真的努力，但囿于我们的水平，可能还有不少值得商榷之处，因此，我们衷心祈盼各界人士能不吝指正。我们期盼着！

是为序。

〔翁文杰，杭州西湖风景名胜区管委会（杭州西溪国家湿地公园管委会）党委书记、主任〕

目　录

九省疆臣三驻杭

公元1764年，中国历史上在位时间第二长而年寿最高的皇帝乾隆，正雄心勃勃地开创着中国传统王朝中最后的辉煌——乾隆盛世。这一年的正月二十日，在江南繁华之地扬州，一名男婴呱呱坠地，已届三十的阮氏夫妇终于得偿所愿，喜得贵子。父亲阮承信给儿子取名为“元”，代表一年之始，也希望能有个好的开头，带来子孙满堂。虽然阮氏此后不再添丁，但未承想，今日的这一婴儿，日后在清王朝的政治和文化中扮演重要角色，让惜才的乾隆惊喜地发出“不意朕八旬外复得一人”的感慨。

阮元字伯元，号芸台。祖上以武举起家，世代因“武功显”，有多人曾获赠“明威将军”“武德将军”“昭勇将军”等荣誉。其祖父阮玉堂，字履庭，号琢庵，武进士出生，因军功卓著，诰授昭勇将军。阮玉堂足智多谋、英勇善战，且不乱杀无辜，曾以死为降苗乞命，深受部下和百姓爱戴。然而，阮元的父亲阮承信却没有子承父业、博取功名。年轻时以孝为先，侍奉双亲，直至三十多岁，干脆断了仕进念头，一生没有出仕。

阮承信乐善好义，阮母识见卓越，在乡间有口皆碑。

坊间流传这样一件事：某日，阮父外出办事，在渡口拾到一个袋子，装有满满的白银和官府文书。他认为“此事上关国务，下关人命”，就等在渡口。直到天黑，才见一人匆匆而来，神色恍惚，似要投水自尽。阮父连忙上前拦住，问清原因。原来这位就是丢失公款和公文的公差，正打算以死谢罪。阮父连忙物归原主，不留姓名就离开了。后阮元在浙江巡抚任上，有人拿了价值千金的契据给阮父祝寿，老人家气得满脸通红，当场严厉呵斥："吾生平耻苟得财，故贫耳，君奈何无故而为我寿，不恤千金。若曰有乞于吾之子，吾子受朝廷重恩，清廉犹不足报万一，而以此污之乎！君以礼来，吾接君以礼；君以贿来，恐今不可出此门阈。"直接断了想借祝寿行贿之人的念头，也帮巡抚把住了清廉之门。

迫于生计，阮父常年在外谋生，阮元早期教育及稳重温和的性格形成更多来自母亲。阮母姓林，出身仕宦之家，知书达理，擅音律，通诗文。有两件事可以看出阮母的品性。阮元祖上虽然仕宦者多，但都比较清廉，家境一般。阮母为了减少开支，遣散了仆人和奴婢，修剪了漂亮的指甲，亲自洗扫炊煮，料理一家起居。阮家有老人去世，由阮母主持丧葬事宜，她事事安排得体，唯独没有请和尚道士来念经吹打，这似乎有违中国传统习俗之举，曾招来一些闲言碎语。但阮母没有被这些流言所困扰，反而云淡风轻地说："我们阮家、林家都是读书人家，不讲究这些。"在当时的社会环境中，能有这样的气度和见识，实属罕见。曾有学者评价她："真女中丈夫，且世之丈夫亦不及也。"

和谐正气的家庭氛围，为阮元的健康成长创造了良好的条件。

在阮元的记忆中，五岁由母亲教识字，六岁学唐诗，习四声属对之法，并开始师从不同的名宿，学习儒家经典和科考技能。虽家境不好，几易其所，但阮母一直努力争取让阮元接受当时最好的教育。十一岁时，父亲教骑射、读史、用兵。阮承信虽未从戎，但从小在军营长大，娴习骑射，知晓军事，喜欢讲解诸如《资治通鉴》等史书，边讲还边解释其中的成败治乱、战阵谋略，阮元在一旁认真倾听，偶尔两人还辩论几句。这些训练也为阮元日后执掌一方、处理政务、部署战略打下了基础。在一次讲解苏轼《代张方平谏用兵书》时，父亲郑重地说:“读书当为有用之学，徒专研时艺，无益也。”这句话，阮元一直铭记于心，成为他贯彻终身的治学指导。

母亲除了督促阮元读书外，还鼓励他择友而交。每有交游，阮母总会详细询问交者何人，谈论何事，然后一一分析哪些人说得有理哪些说得不对。阮元一生交游甚广，众多良友为他治学理政提供了重要帮助，这得益于其母自幼对他的引导。

童年时，阮元就认识了好友焦循(清哲学家、数学家和戏曲理论家)，两人志趣相投，观点相近，切磋学问，互相推崇，是扬州学派的重要代表。阮元在浙江任上时，焦循一直追随左右，为阮元的文教和政治生涯出谋划策。

清乾隆四十九年(1784)，阮元院试第一，两年后的乡试再次夺魁，其广

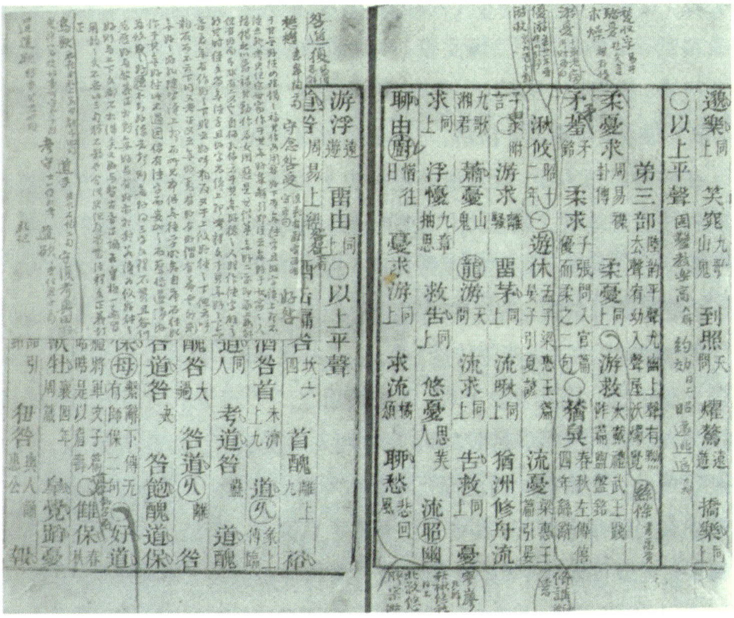

图1　阮元手校乾隆刻本《六书音韵表》

博的学识和沉稳的气质受到大学士、时任江苏学政的谢墉和江南乡试主考官朱珪的关注和赏识。这两人对阮元此后的仕宦生涯给予了很大程度的提携和影响。

乾隆五十四年（1789），阮元进士及第，钦点为翰林院庶吉士。不久，散馆称钦定一等第一名，授以编修，后升授詹事府少詹事，并入南书房行走，参与《石渠宝笈》的修纂。

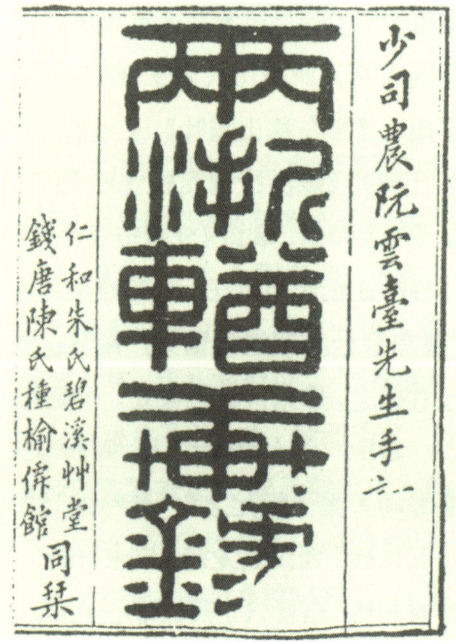

图2 《两浙輶轩录》书影

乾隆五十八年（1793）六月，阮元出任山东学政，开始了他“三朝阁老、九省疆臣”亦宦亦文的学者型政治家生涯。文韬武略的家族基因、良好而全面的教育、从小接受的“经世致用”的理念，都深刻地影响着阮元后来的为官和治学。

阮元的仕途可谓一帆风顺，虽然曾因一次科场舞弊案受到牵连被停职，但很快又受到重用，不妨碍他有张漂亮的职场履历表：历仕乾隆、嘉庆、道光三朝，担任过山东、浙江学政，礼部、兵部、户部侍郎，浙江、江西、河南巡抚，湖广、两广、云贵总督，后拜体仁阁大学士。任职期间，阮元平定海盗，严禁鸦片，惩腐济民，抗震救灾，保护文物，政绩卓著，影响深远，显示了非凡的治理才能。

同时，阮元倾心治学，推崇汉儒但不迷信，高擎实事求是的学术旗帜，博学兼容，涉及经史文哲、金石书画、训诂考古、天文历算等方面，特别是经学方面成就斐然，为海内外学者所尊崇。由此主持风气、兴学教士、力持不懈，成为一代通儒、学界泰斗和乾嘉学派的巨擘。他每到一地都会创办学堂、作育人才，最著名的当属在杭州创办的诂经精舍和在广州创立的学海堂。他一生爱书，不仅爱看、爱写、爱刊刻，也爱收藏。他在老家设立了藏书颇丰的文选楼，在他的主持倡议下，有公共图书馆性质的杭州灵隐书藏、镇江焦山书藏等先后建立。

图3　阮元像

政务之余，阮元的时间几乎都花在学术活动上，他曾说："余无狗马丝竹之好，又不能饮，惟日与书史相近。"他的学术成就集中体现在著书立说中，经阮元编纂和校订的书籍丛刊有80余部，这些书籍种类繁多，重要的有方志类《广东通志》《云南通志》等，金石类《两浙金石志》《积古斋钟鼎彝器款识》等，传记类《儒林传稿》《畴人传》等，诗文集《定香亭笔谈》《两浙𬨎轩录》等，存诗一千余首，被誉为"清代中期学人诗最后一位宗师"。他在研究经籍方面做出了重大贡献，其汇编的三部大型丛书《经籍籑诂》《十三经注疏校勘记》《皇清经解》影响深远，成为经学研究者使用的标准版本，通

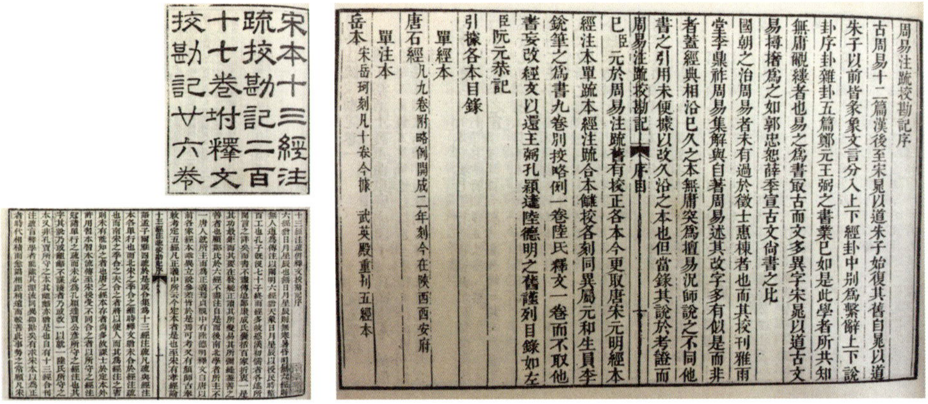
宋本十三經注疏校勘記二百十七卷坿釋文校勘記廿六卷

周易注疏校勘記序
古周易十二篇漢後至宋晁以道朱子始復其舊自晁以道朱子以前皆彖象文言分入上下經卦中別爲繫辭上下說卦序卦雜卦五篇鄭元王弼之書業已如是此學者所共知無庸覼縷者也易之爲書最古而文多異字宋晁以道古文易摶撦爲之如郭忠恕薛季宣古文尚書之比
國朝之治周易者未有過於徵士惠棟者也而其挍刊雅雨堂李鼎祚周易集解與自著周易述其改字多有似是而非者蓋經典相沿已久之本無庸突爲擅易況師說之不同他書之引用未便據以改久沿之本也但當錄其說於考證而
周易注疏挍勘記　序
巳臣元於周易注疏舊有校正各本今更取唐宋元明經本經注本單疏本經注疏合本讎校各刻同異屬元和生員李銳筆之爲書九卷別挍略例一卷陸氏釋文一卷而不取他書妄改經文以還王弼孔穎達陸德明之舊讓列目錄如左
臣阮元恭記
引據各本目錄
單經本
唐石經凡九卷附略例開成二年刻今在陝西西安府
單注本
岳本　宋岳珂刻凡十卷今據　武英殿重刊五經本

图4 《十三经注疏校勘记》书影

行至今。阮元还是重要的学术赞助者，为学者创造和提供有利的工作环境，为他们刊印书稿，包括焦循、汪中、钱辛楣、张皋、谢东墅、刘端临等众多学者都得到了阮元的帮助，促进了当时文化和艺术的发展。

道光十八年（1838），七十五岁的阮元身体状况欠佳，于是再三请求致仕返乡，终获恩准，解甲归田。圣旨下达，道光皇帝加封太子太保之衔。

阮元历任三朝，三位皇帝都对他褒奖有加，评价很高。乾隆说：“阮元，人明白老实，像个有福之人，不意朕八旬外复得一人。”嘉庆说：“显亲扬名，为国宣力，成一代伟人。”道光说：“久任封圻，优加倚任，特畀纶扉，宣力中外，学裕识优，勤劳懋著。”能深得三代皇帝的信任，历史上如此幸臣实属不多。道光二十九年（1849），八十六岁的阮元去世，谥文达。道光帝亲自撰写祭文，称其“极三朝之宠遇，为一代之完人”。如此高的评价可谓无以复加。

作为盖棺定论，《清史稿·阮元传》洋洋洒洒约两千字，称“元两治浙，多惠政，平寇功尤著云……身历乾、嘉文物鼎盛之时，主持风会数十年，海内学者奉为山斗焉”。

三十二岁至四十六岁，阮元一任浙江学政，两任浙江巡抚，在杭州度过了他人生最好的黄金时期。

乾隆六十年（1795）八月至嘉庆三年（1798）九月，任浙江学政。

嘉庆四年（1799）十一月，署理浙江巡抚事务。

嘉庆五年（1800）正月初八，实授浙江巡抚。

嘉庆十年（1805）闰六月，丁父忧去职。阮元离开浙江时，“浙民老幼自塘栖至石门，送者数万人”，可见其治浙之功。

嘉庆十二年（1807）十二月，再授浙江巡抚。

嘉庆十三年（1808）三月，重回杭州，再接巡抚之印，掌管浙江。具折谢恩，奉批：“遥想浙民欢迎载道之诚，实甚欣慰，一切办公以勤为本，勉之！”

嘉庆十四年（1809）九月，因受浙江学政刘凤诰科场舞弊案牵连，以失察之过被革职。此后，阮元离开杭州。

阮元在浙前后长达十几年，作为一位学者型官员，在浙期间正是他的施政要领和学术理想得以成型、成熟的实践期。他勤于政事，力耕文教，整肃海疆，浙江有了一个“政事清明，文教兴盛，学人云集，海内宴清，百姓和熙”的稳定发展时期。

阮元整顿吏治，严肃纲纪，同时宽待百姓，加惠于民，每遇天灾，颁布减税政策，常常亲赴灾区，带头捐赠俸银赈济灾民；多次修筑海塘，疏浚杭城水利，浚治西湖，对西湖景观的延续发展功不可没；有勇有谋，亲临海防前线督战，布设奇谋妙计，瓦解敌人战斗力，彰显武功世家的文韬武略，最终平肃海匪，解除了困扰清廷二十余年的东南海警的问题。

阮元热心教育，启两浙学风。兴办诂经精舍，延揽地方才俊，奖掖优秀人才，倡导实事求是的治学精神，开展科学教育；设立灵隐书藏，礼贤下士，嘉惠士林；刊刻汇编学术书籍，《经籍籑诂》《十三经注疏校勘记》《两浙金石志》《积古斋钟鼎彝器款识》《两浙防护录》《两浙輶轩录》《诂经精舍文集》《定香亭笔谈》《畴人传》等重量级古籍都是在浙江任内修订完成的；同时，整理地方文献，保护地方文物，重塑白苏二公祠等具有典范意义的名胜古迹，对于浙江的文教发展影响深远。

浙江的政治和学术实践，在阮元后续的施政和治学中得到了延续和发展，为他日后的人生发展奠定了扎实的基础。例如主政广东时，阮元模仿诂经精舍的制度和体例，在广州兴办学海堂，培养了大批高层次人才，对当时两广学术风气的转变起到了重大作用，很大程度上推动了广东的文化发展。晚清广东的精英士子如张维屏、陈澧、邹

图5　民国拓清道光八年阮元像（浙江省博物馆藏）

伯奇、梁启超等人，都与学海堂有直接或间接的关系。而借助学海堂力量编撰的另一部重量级经学作品《皇清经解》，是清代前期汉学的集中总结，学界评价其“囊括一代，整齐百家，藏之山阁，而诵声遍四海”。

不拘一格置人才

清乾隆六十年（1795）十一月初一，天气寒冷，路上还有些许积雪，阮元抵达杭州，入驻西湖吴山下的浙江学署，初六接印，就任浙江学政。

图6　吴山旧影（杭州西湖博物馆总馆藏）

学政执掌一省的教育和科考，重要工作之一便是培养和选拔人才。阮元祖上虽以武功起家，但他自幼敏而好学，治学严谨，可以说是凭借一己之力在学术和政界崭露头角。或许正因如此，他深知治学之不易、人才之难得，格外注重人才的发现和培养，在浙江的同僚谢启昆评价他“爱才复好古”，很是贴切。

嘉庆二年（1797）正月，阮元在西湖孤山南麓，西湖行宫的东侧租赁了五十间房舍，借助文澜阁藏《四库全书》之便，召集两浙学子开展了一项规模浩大的古汉语训诂资料汇编工程——《经籍籑诂》编纂。经籍传注卷帙浩繁，担任分纂、编韵等工作就有钱塘诸嘉乐、吴文健、梁祖恩、严杰、吴克勤、陆尧春，仁和赵坦、宋咸熙，萧山傅学灏、陶定山、徐鲲、王端履，归安邵保初、丁授经、丁传经，山阴何兰汀，平湖朱为弼，嘉善孙凤起，乌程周中孚、张鉴，会稽顾廷纶、刘九华，黄岩施彬，临海洪颐煊、洪震煊、沈河斗，海宁陈鳣、倪绶，海盐吴东发，开化张立本等三十余人，多为阮元出试浙省各地选拔之才。在分工上，阮元注意发挥每个人的专长，如精于钟鼎彝器之学的朱为弼（阮元《积古斋钟鼎彝器款识》中的考证多出其手）负责辑录与《尚书》有关的注疏，负责《史记》三家注的杨凤苞对注史之法有过较深入的研究，并聘请精于训诂、校勘、辑佚之学的臧镛堂、臧礼堂担任总纂。短短一年时间，就能甄选出如此规模的优秀人才，足见阮元的知人善任。

编纂过程中还发生了一件有趣的事情。萧山徐鲲在编纂后期担任总校，为了早日编成此书，徐鲲曾向阮元要求选派王端履等人前来襄助。阮元回复说："这几个人今年参加科举中式很有希望，还是让他们专心读书，不要用编纂的事情去打搅他们啦（是数人吾今科皆望其中式，当令潜心诵读，岂可编纂之事扰其心思）！"徐鲲说："那我也要去参加考试啊（然则某亦须赴试耳）！"阮元听后哈哈笑道："你呀，八股文功夫实在不行，即使考个上百场也绝不会中的，不如为我编书还能得点收入赡养老婆孩子（子之制艺，即令连下百场，万无获售之理，不如为我纂书，尚可月得数金，赡养妻子也）。"

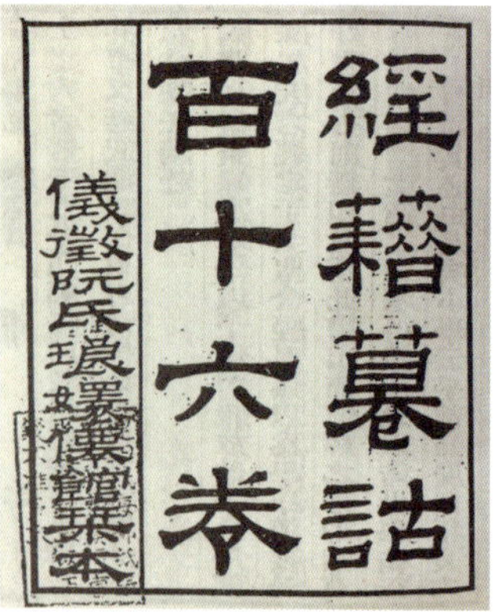
經籍纂詁
百十六卷
儀徵阮氏琅嬛僊館集本

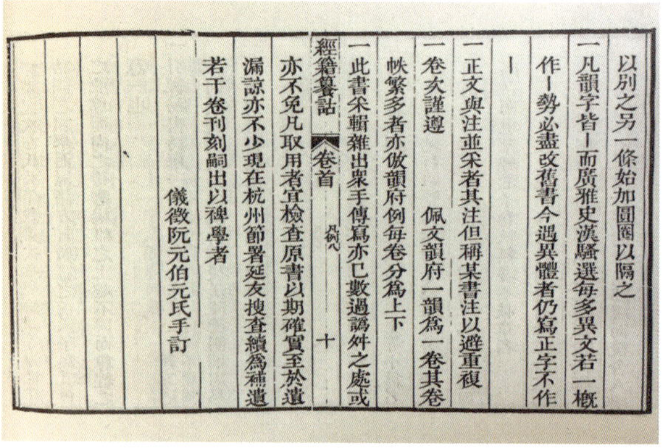
以別之另一條始加圈圈以隔之
一凡韻字皆一而廣雅史漢騷選每多異文若一概
作一勢必盡改舊書今遇異體者仍寫正字不作
一
一正文與注並采者其注但稱某書注以避重複
一卷次謹遵　佩文韻府一韻為一卷其卷
帙繁多者亦倣韻府例每卷分為上下
一此書采輯雖出衆手傳寫亦已數過譌舛之處或
經籍纂詁 卷首　十
亦不免凡取用者宜檢查原書以期確實至於遺
漏諒亦不少現在杭州節署延友搜查續為補遺
若干卷刊刻出以裨學者
儀徵阮元伯元氏手訂

图7 《经籍籑诂》书影

这段阮元与学人之间略显戏谑的对话，显示他们之间足够深厚的情谊，也足见阮元对身边学子不同才能的清晰认识和恰当处置，使得每个人都能各展所长，绝不埋没人才。

《经籍籑诂》篇幅浩瀚，取材广博，阮元确定体例和古籍搜集范围，并在学术指导、物质等方面给予大力支持。他在书籍的卷首按总纂、总校、收掌、分纂、分韵、编韵、核校等一一列明编撰者，使学人得以留名青史。嘉庆四年（1799）年底，《经籍籑诂》刻成，该书106卷，13000余字，汇集了唐以前经史子集等百余种古籍对汉字字义的注释，是一部大型的训诂辞典。该书的出版大大方便了当时的学者，对词典的发展也具有重要意义。王引之在序中评价："所谓握六艺之钤键，廓九流之潭奥者矣。"

阮元在浙江求贤访能还留下了不少佳话。清末陈康祺所撰史料笔记《郎潜纪闻》中《阮文达爱才》一条，讲到几则阮元爱才的小故事。嘉庆元年（1796）阮元试杭州府，用新制成的团扇，以《仿宋画院制团扇》为题试诸生。在众多考卷中，有一首诗引起了他的特别注意："江南三月春风歇，樱桃花底莺声滑。合欢团扇剪轻纨，分明采得天边月。…… 歌得合欢词一曲，想叫留赠合欢人。”阮元大赞，提笔在旁批道：“不知谁是合欢人？”这首诗的作者就是陈文杰（后改名为陈文述），阮元定为第一名。作为奖励，阮元还把团扇赠予陈文述，陈文述因此被戏称为“陈团扇”。杭州原以折扇著称，据说此后团扇也开始流行起来了。

阮元对陈文述评价颇高：“子之文，扬班俦也，诗亦可及高、岑、王、李，若之何其不学也？”把他与扬雄、班固、高适、王维等名垂青史的大家相提并论。陈文述自述“余家无藏书，又里闬无师友之助”，阮元的评价在他心中分量极重，此后“因先生言，始有向学之志，观书于市，且抄且读”。阮元于陈文述亦师亦友，陈文述追随阮元多年，助阮元编录、校勘各类书籍，如《定香亭笔谈》《两浙辅轩录》《七经孟子考文》等皆有他的参与，后中举任职地方，疏浚河道、赈灾抚恤，政绩显著。同年，按试嘉兴时，十分赏识一位名叫吴曾的考生的才华，特意为他改名曾贯。曾贯因擅长五律，杭州表忠观重修建成时，曾赋诗一首以纪，用八庚全韵为五律，不遗一字，于工稳中露神韵，阮元因此送给他一个雅号——吴八庚，还赠诗云：“秦家五字剧纵横，曾出偏师陷长卿。寄语苏州漫相许，语儿还有小长城。”

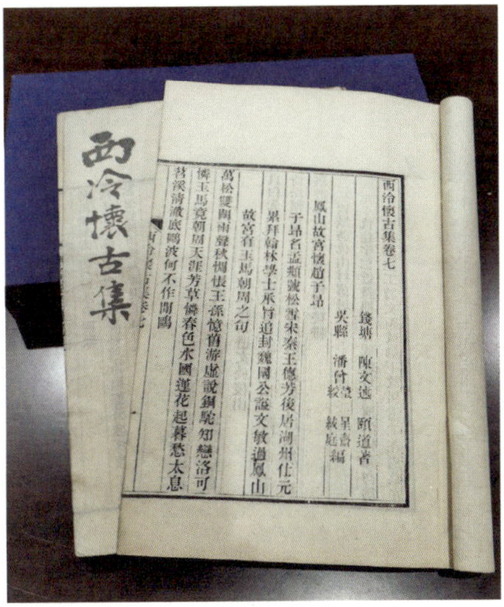

图 8　陈文述等著《西泠怀古集》书影
（杭州西湖博物馆总馆藏）

巡试绍兴郡，阮元以《重与细论文》题试童生，该句出自杜甫《春日忆李白》诗，全诗表达的是杜甫对李白的赞美和想念之情。当时有生童王端履写了“话联风雨床频对，梦入池塘草又生”一联，阮元笑评：“诗句尚佳，但是兄弟而非朋友耳。”意思就是你这写的是兄弟之情，而不是原题的朋友情谊啦，言简意赅，风趣幽默。阮元还给王端履提供了两篇范文让他学习，说道：“如此方切题，汝其识之。”经过阮元的点拨，王端履果然学业日进，后得中进士，官至翰林院庶吉士。王端履日后将祖传藏书楼十万卷楼命名为“重论文斋”，著《重论文斋笔录》，可见当年阮元的提点对他的影响之深。

同年乡试有一道经解题是《深衣考》，深衣指的是古代中国的一种直筒式长衫，这道题考的是考生对名物制度的认知。其中有一位考生的考征精详，见解精辟独到，引起了阮元的注意。查后得知此人名叫傅学灏，已年届六旬，为人耿直迂阔，常当面斥人之过，人常常望而生畏。阮元却不在意这

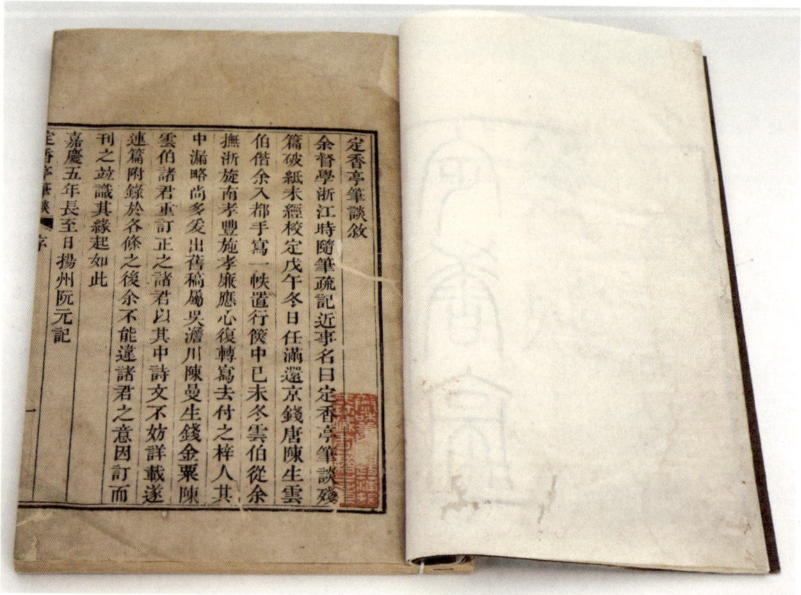

图9 《定香亭笔谈》书影（杭州西湖博物馆总馆藏）

些，专门与他讨论深衣形制，并拿出任大椿（扬州学派前期代表人物，《四库全书》纂修官、御史，一生致力于名物制度考证及小学、历史研究）的《深衣释例》与他讨论，傅学灏也很直接，马上指出了任大椿的数条失误，阮元此时深显容人之雅量，不仅没有不快，还对他的博学深表佩服。

嘉庆二年（1797），阮元按试处州，看到了端木国瑚所作《青田画虎赋》，以为才调崭新，获六朝真意，十分欣赏，回杭州后还记挂在心，和当时的浙江按察使秦瀛谈起这位考生时夸赞："此青田鹤也。"为了更好地培养他，还致信让端木国瑚来杭州就读于敷文书院。端木国瑚后来为阮元定香亭作《定香亭赋》，清思古藻，似齐梁人手笔，一时艺林相与传诵，阮元也赞不绝口，以诗相赠："谁是齐梁作赋才，定香亭上碧莲开。栝州酒监秦淮海，招得青田白鹤来。"端木国瑚由此被称为"青田一鹤"。

端木国瑚后来虽中举人和进士，但他潜心学术，多次请辞县令，专心教职，精研《易经》，后以中书供职。据传道光七年（1827），以治经闻名的龚自珍在京与国瑚论《易》，国瑚阐述"乾初九不易世"一节，自珍叹为闻所未闻。道光十七年（1837），朝鲜使臣慕名求见国瑚，说："君所为《定香亭赋》，东国人皆传诵。"又请讲解《易经》，求取诗文经注手稿，欣然而去。同年，端木国瑚告老归乡，至扬州被恩师阮元留住数日，为其择选墓地，阮元临别赠联："班固属文传两赋，虞翻梦易得三爻。"

阮元爱才惜才，选拔人才不拘一格，除传统诗赋取士外，还因才置士注重选拔一些有专业特长的人才。他曾颇为自豪地提到"余于天文算法中求士，如临海洪颐煊、震煊，归安丁传经、授经，钱塘范景福，海盐陈春华等，皆有造诣，然以临海周治平为最深。治平拙于时艺，久屈于童子试，余至台州，治平握算就试，特拔入学，治平精于西人算术，通授时宪诸法，明于仪器”。周治平精通西学，可能八股文学得不是很好，没能考上生员，在以八股取士的科举场中恐怕很难有出人头地的机会。幸运的是，他遇到了阮元，阮元对周治平极为赏识，“特拔入学”。周治平也不负众望，在阮元编撰《畴人传》的过程中，助校勘录甚多。阮元撰《曾子注释》时，因周治平能融会中西之说，也曾采纳他的不少建议。阮元曾以诗相赠，“中法原居西法先，保人能测九重天。谁知处士巾山下，独闭空斋画大圜”，并亲自为周治平题写了“画圜室”额。

阮元学养深厚，他的学术修养吸引士子加入他的文化圈，而他为人的敦笃宽仁也使得他与士子之间的关系十分融洽，即使与晚辈之间也是互尊互重、亦师亦友，互相切磋，教学相长。阮元的学生如张鉴、朱为弼、端木国瑚、王端履、杨凤苞等都参与了阮元众多学术书籍的编纂，阮元的学术思想对他们影响深远，其中不少人成为当时地方乃至国内的学术中坚力量；阮元也经常与友人和学生一起交流学术、欣赏金石收藏、酬唱往来，还聘请优秀的学生和友人如汪恩、凌廷堪等人担任自家子弟的老师，对他们礼遇有加。对于同时代学人的作品，阮元认为有价值的也尽力帮他们刊刻出版，如为钱大昕刻《三统术衍》，为凌廷堪刻《礼经释例》，为焦循刻《北湖小志》，为段玉裁刻《说文注》，等等。阮元的学者气度和礼贤下士的大家风范使他的学术圈具有强大的磁场，凝聚了一批精英学者，而他本人也成为振兴浙江文教事业的巨擘。

畴人终于有了传

欧洲文艺复兴时期的达·芬奇被誉为人类历史上绝无仅有的全才，他不仅绘画天赋惊人，而且还擅长雕塑、音乐和建筑，通晓数学、生理、物理、天文、地质等学科。爱因斯坦甚至认为，达·芬奇的科研成果如果在当时就发表的话，科技发展可以提前三十至五十年。

中国的传统文人，琴棋书画诗词曲赋样样精通的不在少数，但还能兼及数学、物理、天文等领域的，就少之又少了。这与中国的教育传统关系很大，科学一向不受重视，所以要出达·芬奇这样的全才的可能性微乎其微。

阮元虽然不能与达·芬奇相媲美，却是中国罕有的在精通书画金石经籍训诂的同时，对科学颇有研究的学人。虽然通常被冠以封疆大吏、学界泰斗之名，但他钻研科学的精神以及对近代科学技术和教育的推动也着实值得一提。

明末清初，随着传教士的到来，近代西方文明在中国这片古老的土地上开始逐渐散播。清早期，康熙对传教士采取相对宽松的政策，“西学东渐”之风日盛。虽然后来清朝统治者逐渐闭关锁国，但有识之士并未因政府的禁锢而停止对科学的学习探索。阮元就是这些开明人士中的一位。

阮元幼年受到同乡学者、历算家陈厚耀的影响，对天文算术等学科很感兴趣，自小对“中西异同，今古沿改，三统四分之术，小轮椭圆之法”皆有涉猎。二十三岁那年，他独立撰成《考工记车制图解》并出版。《考工记》是战

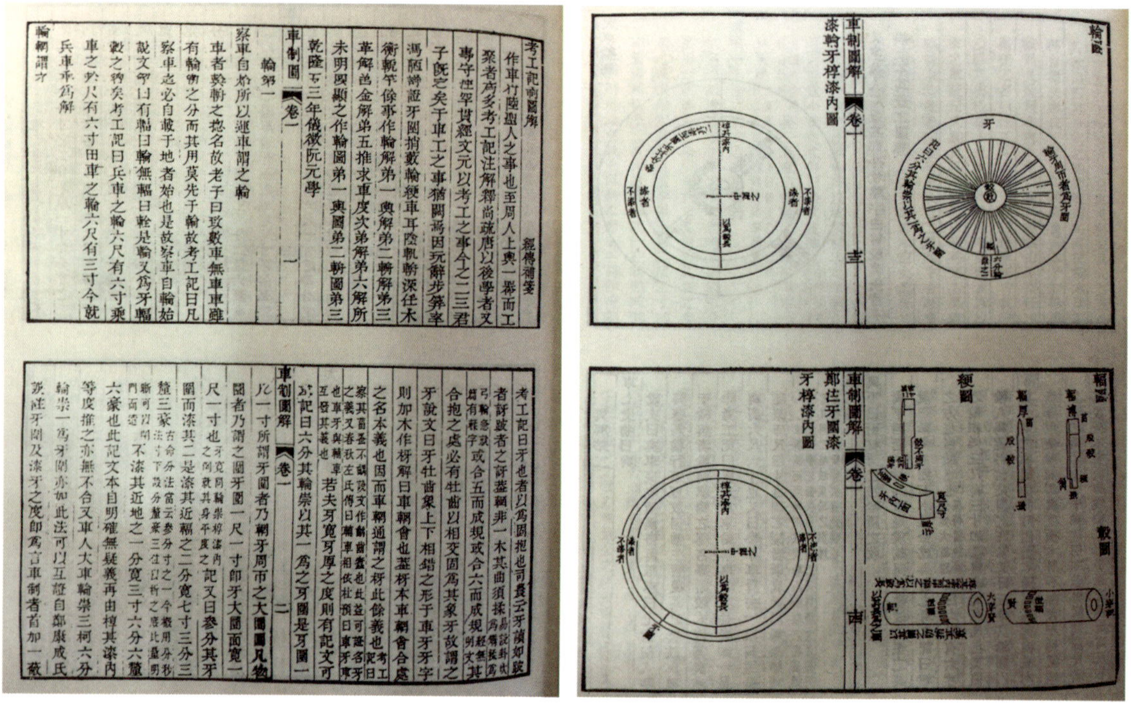

图10 《考工记车制图解》书影

国时期记述官营手工业各工种规范和制造工艺的文献。阮元对其中的车制进行了深入研究和考证，准确地复现了春秋战国时期马车的结构图。执掌地方后，虽公务繁重，阮元仍非常重视天文、数学等自然科学，为推动中国近代科学技术的发展不遗余力。

阮元到杭州任学政后，一时风云际会，吸引了众多学者聚集，各种学术思想在这里融会贯通，杭州的学术氛围渐趋浓厚。阮元的幕宾中有不少是学界达人，他们博闻强识，通经训诂，精研天文、历法、数学等学科。

数学家焦循是阮元幼时读书结识的发小，考试成绩没有阮元出色，仕途也不顺利，一生没有做过什么像样的官，但这丝毫不妨碍他与阮元之间的学术交流。焦循所学很杂，对经史、历算、声韵、训诂之学都有研究，经学之外，还对天算之学倾注了大量的热情，撰写了《加减乘除释》《天元一释》《释弧》《释轮》《释椭》《开方通释》《大衍求一释》等许多优秀算学著作。

少年阮元还结识了凌廷堪，凌廷堪中过进士，授过知县，却辞去官职，专心研学。他学问广博，精通历算，是阮元的莫逆之交，也是阮元孩子的老师。

李锐则是钱大昕的弟子，早年师从钱大昕学习天文、数学，后供职于阮元幕府，是一位颇有成就的数学家，著有《弧矢算术细草》《勾股算术细草》《方程新术草》等数学著作。李锐与焦循、汪莱过从甚密，被学术界誉为“谈天三友”。他们因为共同的兴趣走到了一起，探讨求索，致力于中国传统天文、数学的研究，在阮元的带动下，挖掘、整理出大批数学古籍，编纂了中国第一部科技史《畴人传》，掀起了清代科学研究的高潮。

江浙一带藏书丰盛，阮元与客居学府的焦循陆续挖掘出《测圆海镜》《益古演段》等罕见的古代数学著作。阮元曾在焦循的协同下从文澜阁《四库全书》抄得李冶的《测圆海镜》一书，后又得到了浙江藏家丁杰赠送的旧本，该书为宋元时期杰出的数学家李冶所著，是我国现存最早的一部天元术著作，在高次方程的解法、勾股容圆、数学抽象化等方面多有创新，其中建立方程式解决问题的方法，是一项具有世界意义的创举。诸多令人瞩目的科学著作，让人强烈感受到中国古代科学技术的发达，阮元开始考虑编写一本中国科学家的个人传记合集。

中国史官编写史书的历史由来已久，其中记录个人事迹的文字不在少数，以“本纪”“世家”“列传”体例分别记录帝王、诸侯和其他历史人物。但几乎所有的传记都是为历史政治人物或者某些专类人物所作，如高僧传、神仙传、列女传等等；对于科学家却鲜有涉及，更没有单独为科学家写传记的书。这样的情况，更促使阮元要为科学正名，为历史上辛苦耕耘却一直不被重视而默默无闻的科学家树碑立传，用他的话来讲就是："综算氏之大名，纪步天之正轨，质之艺林，以谂来学，俾知术数之妙，穷幽极微，足以纲纪群伦，经纬天地，乃儒流实事求是之学，非方技苟且干禄之具。"是为宗旨。

阮元给这部专著取名《畴人传》。此书的"畴人"，指研究天文、历法、数学的人。大量的搜集、整理工作，需要专业人员组建研究班底。当时，李锐在数学研究上已有一定的成就和知名度，阮元对他欣赏有加，把他比作宋元时期杰出的数学家李冶，评价李锐"深于天文算术，江以南第一人也"，两人交流频繁。李冶的《测圆海镜》堪称百年绝学，但文字晦涩难懂，很少有人能看明白，阮元拿到书后立马由焦循交李锐校勘，可见对其的信任。《畴人传》的编撰，阮元也首先想到了李锐，竭诚聘请他来杭专事编纂工作，任执行主编，后安排浙江临海人周治平协助李锐，任编辑和校录。周治平精通历数、熟悉西法，是阮元亲自选拔的门生。此外，特别邀请了算学名家钱大昕、凌廷堪、谈泰、焦循等担任编委会成员，参与编录校定。作为主编，阮元负责编定凡例、确立宗旨，包括筹措经费、协调人事等诸多事宜，他都亲力亲为。在书籍定稿阶段，阮元通览精读后，又亲加朱墨，改订甚多。如此整齐专业的编校队伍，也保证了该书的编辑质量。

为方便编著，阮元腾出学署诚本堂作为编辑部的办公地点。经过一年多的准备，嘉庆二年（1797）正月，编写工作正式启动。在此期间，李锐与焦循同居于学署，与阮元朝夕相处，对中国古代天文、数学中的一些代表性作品进行了全面研究。中国古代科技发达，但为科学家大规模立传，《畴人传》尚属首创，其内容涉及古代两个重要的领域——天文学和数学，资料丰富而分散。除了从文澜阁《四库全书》的钞本中择选外，他们经常往来于苏杭之间，广泛征集江南各藏书名家所收善本和民间藏本。其间也颇有收获，比如南宋《杨辉算法》早已失传，他们查访多年，抄得大量散乱的内容，根据文义重新排列整齐。又如元代数学家朱世杰的力作《四元玉鉴》失传多年，阮元在浙江民间访得后，编入《四库全书》，终使这部谈多元高次方程的数学名著，得以保存下来。《四元玉鉴》重新问世后，国内外众多科学家都对它进行了研究，美国科学史家萨顿赞其为“中国数学著作中最重要的，同时也是中世纪最杰出的数学著作之一”。这些著作的发现、校勘、刻印，对整理、保存和发扬中国传统的数学学术成果功不可没。

嘉庆四年（1799），《畴人传》编成。已是浙江署理巡抚的阮元自序：“窃思二千年来，术经七十改，作者非一人，其建率改宪，虽疏密殊途，而各有特识，法数具存，皆足以为将来典要。爰掇拾史书，荟萃群籍，甄而录之，以为列传。”传分46卷，按年代沿革，录自黄帝至清嘉庆年间的中国科学家243位、外国科学家37位，共280人。内容涉及历代天文历法推算资料、论天学说、仪器制度以及算学等许多方面，其中包括了中国古代70余次历法改革。这是我国第一部科学家传记，开创了中国总结整理科技史的先河。

该书通过人物传记来记载历代天文历算的发展，人物传记主要由原始文献荟萃而成，更多的取自“二十四史”的《律历志》《历志》《天文志》等专志，还从《永乐大典》中辑佚出算书百余条，即所谓“掇拾史书，荟萃群籍，甄而录之，以为列传”。所述内容重专业轻生平，主要介绍传主的科技活动及成就。每篇传记之末，一般都附有客观公允的人物简评。既有褒扬，亦能指出不足。如南宋数学家秦九韶在南宋派系斗争中被弹劾，被指责“性喜奢好大，嗜进谋身”，以至于他的数学成就在后世被埋没。阮元研读《数书九章》后，充分肯定了秦九韶在数学领域的杰出成就，说："读九韶书而后知昔人开方除法固有一以贯之者，留情九数之士，宜孰复而研究之也。"后被西方科学家认可，萨顿称其为"他那个民族、他那个时代，并且也确实是所有时代最伟大的数学家之一"。

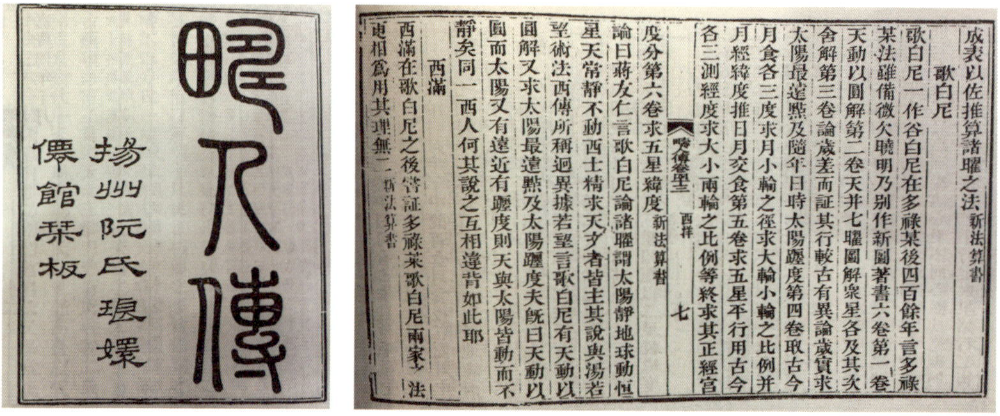
疇人傳

揚州阮氏瑯嬛

僊館雕板

成表以佐推算諸曜之法（新法算書）

歌白尼

歌白尼一作谷白尼在多祿某後四百餘年言多祿某法雖備微欠曉明乃別作新圖著書六卷第一卷天動以圖解第二卷天并七曜圖解衆星各及其次舍解第三卷論歲差而証其行較古有異論歲實求太陽最遠點及隨年日時太陽躔度第四卷取古今月食各三度求月小輪之徑求大輪小輪之比例并月經緯度推日月交食第五卷求五星平行用古今各三測經度求大小兩輪之比例等終求其正經宮

疇人傳卷四十三　西洋　七

度分第六卷求五星緯度（新法算書）

論曰蔣友仁言歌白尼論諸曜謂太陽靜地球動恆星天常靜不動西士精求天文者皆主其說與湯若望術法西傳所稱迥異據若望言歌白尼有天動以圓解又求太陽最遠點及太陽躔度夫既曰天動以圓而太陽又有遠近有躔度則天與太陽皆動而不靜矣同一西人何其說之互相違背如此耶

西滿

西滿在歌白尼之後嘗証多祿某歌白尼兩家之法更相爲用其理無二（新法算書）

图11　《畴人传》书影

唐代天文学家、著名僧人一行制造了黄道游仪、水运浑天仪，并组织了一次大规模的天文测量，制定《大衍历》，巧妙地用数学解决天文问题，取得了"科学史上划时代的创举"，但他也曾听从唐室之命编造有违科学的风水文章。《畴人传》对一行的评论有抑有扬，非常中肯："推步之法，至大衍备矣。术议略例，援据经传，旁采诸家，以证为术之善。其学博，其词辨，后来算造者未能及也。然推本《易》象，终为传合。昔人谓一行窜入于《易》以眩众，是乃千古定论也。"

《大衍历》是当时世界上最先进的历法，根据资料多寡、人物成果大小及参与历法改革的重要性、著作的影响力等，分别详略，侧重不同。对于一行这样世界级的科学家，《畴人传》用了三卷共二万余字，不吝笔墨、不厌其详地对大衍历法及一行在天文学上的其他贡献进行介绍。对于同时代的重要科学家,《畴人传》同样不遗余力进行推介。如清代著名数学家梅文鼎，兼通中西算学，著述宏富，被誉为“国朝算学第一人”。该书记录梅文鼎，在清代九卷中占有两卷之多。

中国历来的天象学中往往掺杂了一些迷信色彩,《畴人传》的选录标准十分明确，把科学与迷信的术数严格区分开来。阮元认为,《新唐书》记李淳风能逆推武氏之乱,《宋史》又记刘羲叟能预知辽主死期，这是作传人的无知，并非数学之所能推测，类似这类材料《畴人传》一律不收。他强调，学者应明确造历的根本是在实测，实测最重要的是凭借仪表，不致力于此而牵强附会于音律、《周易》等，都是无稽之谈，主张将巫术从天文历算中完全剥离出来，使天文历算学走上科学的发展道路。可以说,《畴人传》是一部真正意义上的科学著作，为的正是传播科学家“实事求是”探索科学的精神，通过记载科学家们安贫乐道、艰苦求索的故事，正告世人，科学是为人类发展做出贡献，绝不是用来求得升官发财的敲门砖。

由于历史的局限性，阮元坚持黄宗羲的“西学中源说”，但他“惟求其是”，组织科学实验、实践活动，大胆客观地接受西洋天文、历法、数学研究成果，书中专设附录介绍西方科学家。这是中国第一次为西方科学家立传，这一创举彰显了阮元对科学无国界的开放态度，他没有被国人自古以来“泱泱大国，唯我独尊”的自我麻醉态度所误导，对于西方先进的科学技术持肯定态度，认为西人“于推步一事颇能深究，亦当为之作传”，而“网罗今古，善善从长，融会中西，归于一是”，承认西方数学的三角、解析几何、高次方程的快捷连算等，都是中国传统数学所不具备的优点，主张应该向西方学习。

阮元的弟子罗士琳等根据《畴人传》的体例，增订《畴人传续编》，前后共有四编，约55万字，所记人物达880余人。长期以来,《畴人传》是研究天文、历法和数学史的重要工具书，是中国古代科学史不可或缺的宝贵财富。皇皇巨著，在国内外都享有盛誉。英国科学史家李约瑟在《中国科学技术史》中称《畴人传》为“中国前所未有的科学史研究”,“是中国书籍中一本最近乎中国科学史的著作，它对天文学家来说也是一本很好的书”。

阮元对科学的重视，一方面是经学研究的需要，古代典籍中也涉及一些天文、地理、算数等方面知识，要真正理解经文，就需要把其中涉及的天算、地理等知识搞明白。另一方面，西学的传入，使当时的学者感到了西方科技对中国文化的冲击，虽然没有妄自菲薄，但也迫切希望能够融汇古今中外相关知识，提升科学自信。

《畴人传》的编写，只是阮元重视科学技术所做的代表性工作之一。他创办的诂经精舍，教学内容也包含了天文历算和地理等内容；他完成《地球图说》补图，在中国介绍哥白尼学术观点；他组织人员整理古代科学书籍，刊刻成书；他为朋友编写的科学书籍作序，进行推广宣传……阮元提倡学习要用于实践，对科学的倡导，也不仅仅局限于理论探索，还要对实际工作有指导意义。他善于应用科技之学来解决涉及国计民生的实事，曾与焦循一道运用数学知识，发明了漕粮测量简明法“立粮艘盘粮尺算捷法”，并借用数学家方中通《度数衍》书中介绍的“铺地锦”方法，即格子乘法计算，既方便且数据清晰，监管者“有实知其多、实知其少之据，则营卫军吏皆不敢欺矣”，堵塞了管理上的漏洞，为杜绝营私舞弊创造了条件。实为阮元在自然科技研究上运用的重要成果。

近代世界，科学技术的发展程度决定着国力的强盛与否。阮元是中国较早认识到科学技术重要性的先驱，他用自己的实践，努力传播实事求是的科学精神，在国人中撒播科学的种子，培养和影响了一代学人，在中国近代化的道路上披荆斩棘，开启先河。

长留学士住西湖

图12　苏东坡像

杭州人说起苏东坡，总有一种由衷的亲切感，这位一千多年前的杭州父母官，时至今日，仍活在文人墨客“欲把西湖比西子，淡妆浓抹总相宜”的浅斟低唱中，活在永垂汗青的三潭印月和苏堤春晓的西湖美景中，活在老百姓口口相传的东坡肉的故事里……没有苏东坡，今日西湖少的不仅是一池三山的琅嬛仙境、两堤三岛的丰富层次，更是数不清的诗词曲赋、道不完的西湖情愫。苏东坡峨冠博带的形象深深刻在杭州人的集体记忆中，映在西湖的碧水青山中。

七百多年后，年轻的阮元也来到了杭州。西湖三月，“锦帐开桃岸，兰桡系柳津”，自有一番清新灿烂，漫步在似曾相识的苏堤，沐浴着凉爽的春风，湖光万顷平铺在青山怀抱，青青柳枝如绿带连贯着两岸，灼灼桃花如霞光映红了水面。阮元由衷地赞叹：“东南胜地号西湖，德政才名颂大苏！”

说来有趣，来杭前，阮元曾读过苏东坡的《杭州乞度牒开西湖状》，对其中“杭州之有西湖，如人之有眉目”一说表示怀疑。及至任职浙江，“始放西湖之棹，山修态而连娟，水合漪而淡沱，始恍然于苏子之言，为善喻也”。

旋辄与二三宾朋扁舟小集，谈艺论文，纵情山水。

此时的他，比苏东坡初到杭州任通判时还年轻几岁。七百年来，东坡故事随着诗词曲赋和西湖美景在民间不断发酵；东坡率真通达的个性、喷薄澎湃的才情、疏浚西湖的魄力、与民同乐的低调已成了杭州人心中不朽的传奇。才华横溢的阮元感受到了跨越时空的心灵共鸣，心里激起层层涟漪，他踌躇满志，循着坡公的足迹前行。

阮元特别喜欢在凌晨时分走在苏堤上，感受晨曦微露时那份树烟花雾、纷披掩映的朦胧之美。他在《五更过苏堤列炬中见桃柳正妍》中写道：

清钟动疏樾，缺月犹在天。
山光余夜碧，湖水生春烟。
春烟约微风，飞落苏堤边。
我骑青骢来，暗柳拂丝鞭。
行灯一路明，照见桃花鲜。
譬如蓬岛夜，绰约栖群仙。
烛龙启潜蛰，惊起仙人眠。
寻常春梦浓，日影移花砖。
今宵破春晓，醒在群花先。
东方云渐白，六桥虹影圆。
不惜沾衣露，湿红殊可怜。

晓雾中东方露白，西湖渐醒，骑马漫步，有柳丝轻轻拂面而过，桃花展颜，莺声和鸣，好一派迷人风光。而另一首《苏堤春晓》或许更能反映阮元

图13　鸟瞰苏堤（周兔英摄）

清晨独步的心境：

北高峰上月轮斜，十里湖光共一涯。
破晓春天青白色，东风吹冷碧桃花。

一轮圆月斜挂在北高峰上，平静的湖面，泛着清冷的波光。破晓时分，天空已呈现青白色，一阵东风吹过，乍暖还寒中，灼灼盛开的桃花昭示着春天的来临。这首诗写于嘉庆六年(1801),阮元首任浙江巡抚,要应对比学政繁复得多的政务。当时白莲教正兴,沿海剿匪也面临困难和考验。阮元借景抒情,以“东风吹冷碧桃花”隐喻复杂而严峻的局面。清风促人清醒,独处更宜思考,“优游空寂,有以知万物之轻”,或许面对一湖清华,更能体会坡公那种“一蓑烟雨任平生”的人生境界,平复心中忧虑,振作精神,迎接曙光。

图14　苏堤旧影(杭州西湖博物馆总馆藏)

阮元的诗文中也常常出现坡公身影:看到一块奇石,遥想“西轩石如菌,松杉得甘露。恐有仙人来,采与东坡去”;煮一壶龙井,也仿“孤亭一笠新,茶灶复绳榻。……举以荐坡公,相呼可相答”。

嘉庆元年(1796)八月,学政阮元在湖州主持生员院试,适逢中秋,皓月当空,联想苏东坡在湖州知州任上发生的“乌台诗案”,触景生情,感慨万千。即以坡公词命题,让考生“咏东坡丙辰中秋作《水调歌头》事”。这首词是苏轼被贬密州（今山东诸城）时所写。当时他仕途失意，屡遭排挤，亲人睽违多年。中秋之夜，坡公冷冷清清对酒赏月，不无惆怅道：

不应有恨，何事长向别时圆？人有悲欢离合，月有阴晴圆缺，此事古难全。但愿人长久，千里共婵娟。

孑然一身，身处逆境，字里行间却依然充满着对生活浓浓的爱，这是一种怎样的悲凉伤感之情。作者没有怨言，没有悲观，正是这种达观超然引起了阮元深深的共鸣。一个豪放洒脱，一个沉着温和，但从阮元兼容并包的治学主张和宽容济人的生活态度上，可以看出两人有着同样开明和豁达的禀性。

世人都爱苏东坡，清代的文人士大夫更是尊崇：比如林则徐以“钦差大臣”之尊到南海处理海防，适逢坡公生日，在海上仍不忘举行简单祭礼；再如谢启昆，自号苏潭，还把家中一池水也称作苏潭，自题《苏潭图》聊作祭。阮元为此题诗一首：

苏斋久已入诗谈，更与西江水共参。
学士坊边新改井，先生溪上旧师覃。
论交白发清同照，若雨苍生味定甘。
五百余年书卷尾，恐将终号谢公潭。

最著名的要数阮元的忘年交翁方纲了，翁方纲对于苏东坡已到了痴迷的程度。他晚年有幸收藏到宋刻《注东坡先生诗》，如获至宝，供奉于书房中，并命名书房为“宝苏斋”，自号“苏斋”。每年腊月十九，苏东坡生日，翁方纲就会召集亲朋好友，展示此书，焚香祭拜，也讲学谈艺、研赏金石书画等，称作苏斋会。阮元也常被邀参加，留下跋识、题名。这项纪念活动很受欢迎，并被推广成为传统，每年东坡生日，苏粉们都会在各地聚集一堂，以诗文歌咏等形式为东坡庆生。

阮元来杭州后，常去孤山四贤祠祀坡公。苏堤初建之时，堤上曾建有苏东坡的生祠，但早已杳无踪迹。明正德三年（1508），郡守杨孟瑛重浚西湖时，在孤山立有四贤祠，祀李泌、白居易、林和靖和苏东坡。杭州号称有三百六十寺，居然没有苏公的专属祠堂，阮元难免有些郁闷。

图15　白苏二公祠阮元对联

清嘉庆三年（1798）初夏，

时任杭嘉湖道的秦瀛首先找到浙江学政阮元，说是在孤山找到一块空地，商量共同筹建苏祠事宜。秦瀛，字凌沧，一字小岘，号遂庵，江苏无锡人，著名诗人。他于1793年至1804年长时间在浙江，任温处兵备道、杭嘉湖道、浙江按察使等职。秦瀛也是一位经世能臣，性情耿直但又不失仁恕，为人处世爱憎分明。阮元与秦瀛曾同在京任职，算是旧识，且有不少共同的朋友如翁方纲、王昶等人，此番又同聚西子湖畔，倍感亲切。两人志趣相投，常相邀游于湖上，赋诗酬唱，极尽风雅，也谈政论道，共商民生。

阮元非常高兴，马上到孤山看现场，此地坐落在孤山岁寒岩下，原为清乾隆南巡时陪行大臣的行馆，左侧是四贤祠，正前方面对着湖岸上的水仙王庙。坡公曾有诗“朝曦迎客艳重冈，晚雨留人入醉乡。此意自佳君不会，一杯当属水仙王”，把守护西湖的钱塘龙君视为知己。此处用来建苏祠真是太合适了。

两人一拍即合，为了不增加朝廷负担，他们并没有动用公款，而是捐出了自己的俸禄。消息传开，苏粉们积极响应，第一时间筹集到了工程款。而民众得知要建苏公祠，也自发挑土叠墙，出现“工趋若骛”的场景。因此，仅仅用了一个多月，苏公祠就修好了。新的苏公祠面对着苏轼最爱的西湖，环境清幽雅致：“祠前临浩淼，背枕崇冈；烟峦环其左，竹柏带其右；庭宇修整，楹桷炜焕；有楼可凭，有室可憩。”

杭州人的东坡情怀终于有了一个合适的安放之处。阮元觉得对心中的男神有了一个过得去的交代。冥冥中仿佛早有安排，阮元早年在山东任职时曾拓过苏东坡手书的“读书堂”碑，正好用于祠中堂匾，“公之祠匾，得公自书”，也是非常应景。阮元还泼墨挥毫，题联云：“欲共水仙荐秋菊，长留学士住西湖。”道出了热爱西湖之人的共同心愿。一句“长留学士”或许也有阮

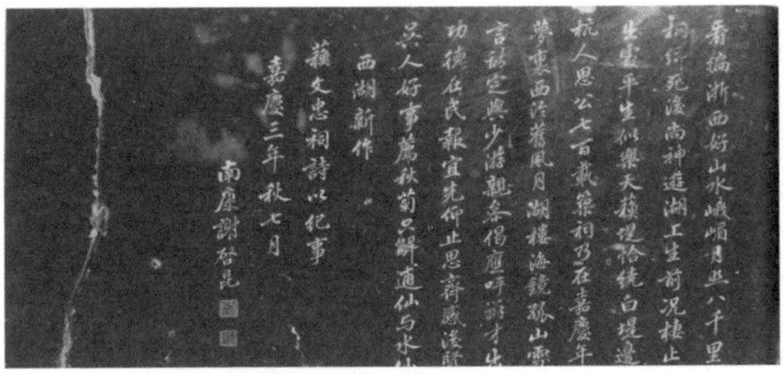

图16 《苏文忠祠诗以纪事》刻石

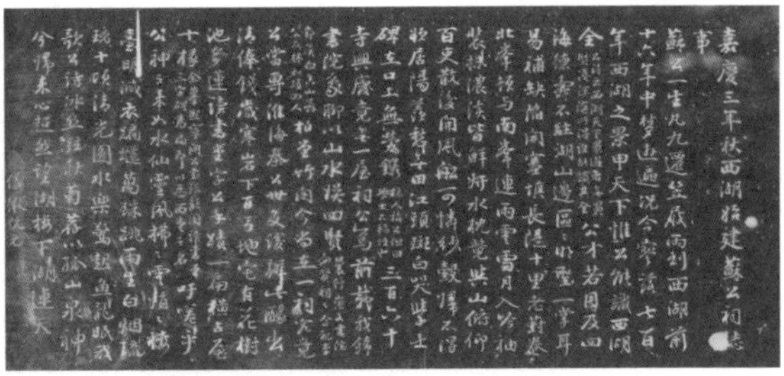

图17 《西湖始建苏公祠志事》刻石

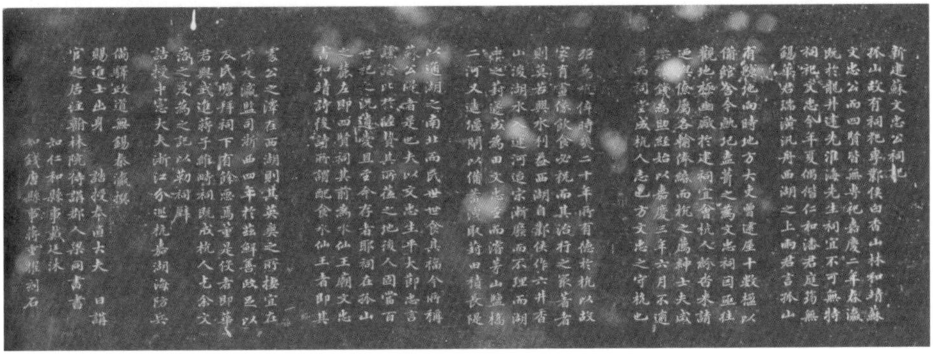

图18 《新建苏文忠公祠记》刻石

元借此自勉之意，他希望能像坡公一样为官为学，把坡公的风骨和情怀延续下去，让西湖之美永驻。

落成典礼上，杭州名流济济一堂，发起者秦瀛作《新建苏文忠公祠记》，孙星衍作《苏文忠祠堂图》以示庆贺，谢启昆、陈文述均贺诗一首，阮元则作《嘉庆三年西湖始建苏公祠志事》，以长诗记事，记述了苏公于西湖的功绩和建祠的缘由，追慕之意溢于言表：

苏公一生凡九迁，笠屐两到西湖边。十六年中梦游遍，况今寥落七百年。西湖之景甲天下，惟公能识西湖全。公才若用及四海，德寿不驻湖山边。区区明圣一掌耳，易补缺陷开塞填。长堤十里老葑卷，北峰顿与南峰连。雨云雪月入吟袖，装抹浓淡皆鲜妍。水枕竟与山俯仰，百吏散后登风船。可怜纱谷归不得，欲归阳羡愁无田。江头斑白说学士，碑在口上无劳镌。三百六十寺兴废，竟无一屋祠公焉！前载我饰书院像，聊以山水娱四贤。柏堂竹阁今尚在，一祠究竟公当专。淮海秦公世交后，办此醵出清俸钱。岁寒岩下百弓地，宅有花树池多莲。读书堂字公手迹，一扁横占屋十椽。吁嗟乎！公神之来如水仙，灵风拂拂云娟娟。楼台明灭衣蹁跹，万珠跳雨生白烟。琉璃十顷清光圆，水乐惊起鱼龙眠。我歌公诗冰丝弦，荐秋菊以孤山泉。神归来兮心超然，望湖楼下湖连天。

图19　白苏二公祠

苏东坡初到杭州，便一见如故，发出了“我本无家更安往，故乡无此好湖山”的感慨，阮元的这句“西湖之景甲天下，惟公能识西湖全”，高度而准确地评价了这位“西湖长”的西湖情怀。苏公祠建成后，“都人士欣跃骏奔，以为七百年之坠典”，受到热烈欢迎。

苏公祠后来成为杭州士大夫的重要活动场所。继翁方纲开始发起的“为东坡寿”成为京师士大夫雅集的惯例后，在杭州孤山苏轼祠，纪念苏轼生辰的“寿苏会”也成为杭州文人推重的活动。在杭期间，阮元只要公务有暇，每年都会偕诸名贤去苏轼祠祭拜追思。

嘉庆八年（1803）腊月十九日，已任浙江巡抚的阮元和冯实庵、许周生等人一道祭坡公。时值隆冬，西湖清冷凛冽，游人稀少，位于竹林深处的苏公祠显得尤其静穆。这种难得的清静对忙碌于经纶世务的阮元来说显得十分珍贵。自担任浙江巡抚以来，阮元公务缠身，已很少有当年游历山水、淡泊闲适的日子。追忆往昔，他深切地感受到“澹荡闲情如远水，峥嵘残岁似寒山”。虽说天寒地冻，湖面上仍有“几枝柔橹摇清响”，近处的孤山已是“百树梅花破冷悭”。此时，立于坡公像前，见贤思齐，阮元也是励精图治，期待着来年的太平光景：“记取坡公此生日，一年好景最相关。”

苏轼作为一位旷世奇才，一直是阮元为学为官的偶像。坡公的西湖情怀感召着阮元，他在之后的任期内，重浚杭城水利、疏浚西湖、营建西湖景观，这一系列举措，从某种意义上来说，也都有一些遥敬坡公的意味。谢启昆评价阮元“爱才复好古，气味与公（指苏东坡）似”，“忠孝郁文章，与苏无二轨”，那是一种真爱，时间和空间都无法隔绝。

生日有幸同白公

阮元有一枚特制的印章，上刻“白乐天正月廿日生我与之同”。正月二十日，是阮元的生日，也是唐代才华横溢的大诗人白居易的生日。

图20　白居易像

大唐在中国历史上犹如有魔力的诗酒年华，不可复制。那个年代的人们活得恣肆奔放，就如同大唐的国力一般充满自信而激情四射，诗意流淌在百姓生活的点点滴滴中。如果说，大唐是一个光彩夺目的舞台，白居易必定是最耀眼的明星之一，他写下大量脍炙人口的诗作，名动朝野，妇孺皆知。

中国人比较相信天意，与白居易同一天生日，这种巧合似乎在暗示两人有某种不可分割的联系。阮元欣然接受了这种命运的暗示，把白居易作为一生追慕的对象。

据宋代彭乘《墨客挥犀》记载，白居易每写一首诗，都要先念给不识字的老婆婆听，如果听不懂，他就会进行修改，一直到她能听懂为止。所以白居易的诗以“老妪能解”著称，达到了“童子解吟长恨曲，胡儿能唱琵琶篇”的境界。阮元的母亲就选用语言通俗易懂的白居易诗歌来给他启蒙：

梁上有双燕，翩翩雄与雌。
衔泥两椽间，一巢生四儿。
……
辛勤三十日，母瘦雏渐肥。
喃喃教言语，一一刷毛衣。
一旦羽翼成，引上庭树枝。
举翅不回顾，随风四散飞。
……

这首《燕诗示刘叟》借双燕喻养育和反哺的关系，略显悲伤，描绘的却是自然界的必然规律。母亲念一句，阮元跟着念一句，在母亲的悉心教导下，这长长的五律，聪慧的阮元很快就能熟读成诵了。诗中的故事，也给懵懂的阮元留下了深刻的印象。

三十多年后的正月二十，四十岁的阮元恰巧在白居易履职过的杭州任浙江巡抚。他避寿江边，思绪追随着滚滚江涛回放，儿时的情景历历在目，念及母亲的谆谆教诲和辛勤抚育，感慨万千。白居易年四十初生白发，于是作了《白发》诗，阮元步其韵也作诗一首：

生日同白公，恐比白公羸。
百事役我心，所劳非四肢。
学荒政亦拙，时时惧支离。
宦较白公早，乐天较公迟。
我复不能禅，尘俗日追随。

何以却老病，与公商所治。

在诗中，阮元表达了与白居易相同的忧虑：母亲早逝，子欲养而亲不待；发虽未白，然身体羸弱；处理政务笨拙，连带学业荒废，常常深感焦虑和不安。为此，他非常羡慕白公的乐天知命，期待着早日退出官场，可以不问政事，专心读书治学。

处于中唐时期的白居易，面对变幻的社会现实和复杂的政治斗争，提出了“中隐”思想，他在《中隐》诗中写道：“大隐住朝市，小隐入丘樊。……不如作中隐，隐在留司官。似出复似处，非忙亦非闲。……唯此中隐士，致身吉且安。”在白居易看来，周旋于官场的大隐过于嚣喧，不仅有案牍之劳烦，而且“要路多险艰”，时有逆鳞犯上的生命之虞。小隐也不完满，小隐固然能摆脱尘俗的喧嚣获得人格的独立与自由，但作为还有追求的人，自绝于尘世未免太消极冷落，而且家世不富足的话还得忍受饥寒冻馁。所以最理想、最现实的状态是“终岁无公事，随月有俸钱”的中隐生活。

不难看出，诗中对谋取一份闲职混日子的说法所表达的是一种讥讽，事实上，在仕宦生涯中，白居易敢于直谏、关心民瘼，为地方做出诸多建设。他潇洒放旷的中隐思想，更多是在保持人格独立性的基础上，构建精神乐园。白居易这种但求适意、不拘形式的人生哲学和生活态度，对处于权力中心又极度向往自由的阮元产生了很大影响。四十岁的生日，他一个人到海塘工地视察，避免了庆寿礼俗的各种繁文缛节，此后一直保持了“寿日茶隐”的习惯，称之为“一日小隐”，借茶为隐，感受山川自然的陶冶，以一夕闲适开阔心境、修身养性。

白居易伴随着阮元的成长，从幼时的诗歌启蒙，到乐天豁达的性格养

图21　白堤旧影（杭州西湖博物馆总馆藏）

成，乃至在杭州任职后的政绩，白居易对阮元的影响是潜移默化、无处不在的。

唐长庆二年（822），白居易赴杭州任刺史，前后三个年头。作为一代文豪，白居易关注的不仅是风花雪月，对于本职工作更是兢兢业业。上任当日，他就写下了《杭州刺史谢上表》：“唯当夙兴夕惕，焦思苦心……勤恤人庶，下苏凋瘵。”这些话并没有流于形式，白居易把他的济世之志付诸行动，在杭州苦心经营，为谋百姓福祉殚精竭虑。他疏通了李泌时期开凿后又复淤塞的六井，解决百姓生活的头等大事——用水问题。疏浚西湖，以挖出的淤泥修筑钱唐湖（即西湖）堤，改善西湖周边的农田灌溉，发展了交通，促进了杭州的繁荣，又特别写了《钱唐湖石记》一文刻石于湖畔，向后人交代管理西湖的注意事项。他十分重视西湖的环境保护，制定专门法令保护西湖湖面面积，如穷人违此法需在湖边种树，富人违此法需在湖上辟除葑草，等等。

在白居易的治理下，杭州百姓安居乐业，西湖湖光山色更加秀美。以浚

图22　鸟瞰白堤（周兔英摄）

湖淤泥兴筑长堤、美化西湖景观，成为西湖景观设计发展历程中具有划时代意义的重要事件，从此西湖疏浚成为传统。白居易为官清廉，离任前，他还将自己俸禄的大部分留在官库，后来的继任者遇到官库经费不足时，就用他的俸禄补充。

公务闲暇时，白居易常出入山川，足迹遍布杭州的山山水水。他描写西湖山水的诗达200余首，他的诗词情感真挚，语言质朴，脍炙人口，西湖也随着他的诗词传唱而声名远播。白居易在杭州为官的时间不长，但政绩斐然，为杭州留下一池碧水、六眼清泉和无数诗篇。唐长庆四年（824），当白居易任满即将离任时，杭州的老百姓扶老携幼，夹道相送，泪洒长亭。

阮元一直筹划着要给白居易建独立的祠堂，嘉庆八年（1803）冬，孤山寿苏会后，阮元重议此事，最终商定在苏公祠左侧的竹阁增建白公祠。孤山是白居易最爱的地方，他有多首描写孤山景观的诗，曾表示“最爱湖东行不足，绿杨阴里白沙堤”。诗中提到的白沙堤是孤山下一连接断桥的长堤，杭州人为纪念白居易改名为白堤。

据《西湖游览志》载，孤山竹阁原是唐孤山寺（广化寺）中一小阁，因翠竹掩映而名，白居易任杭州刺史时常在此小憩，有《宿竹阁》诗："晚坐松檐下，宵眠竹阁间。清虚当服药，幽独抵归山。巧未能胜拙，忙应不及闲。无劳别修道，即此是玄关。"推崇中隐的白居易偶尔在竹阁过夜，静坐檐下，竹风松影，湖水拍岸，顿觉心灵平静。他独享着这份幽闲，养心颐神，如同修行一般美妙。"未成小隐聊中隐"的苏东坡羡慕白居易，也因此题诗："柏堂南畔竹如云，此阁何人是主人。但遣先生披鹤氅，不须更画乐天真。"

图23　柏堂

白居易离开杭州后，竹阁顺理成章地成为祭祀白居易的祠堂，北宋时，杭人把苏东坡和林和靖移入，成为三贤堂。至南宋绍兴年间，孤山兴建四圣延祥观，三贤堂迁徙到了宝石山下。南宋嘉定年间，临安府袁韶在苏堤重建三贤堂。元时，杭城内宋太学礼殿改建为西湖书院，廉访使徐琰祀移三贤祠于书院中。明杨孟瑛疏浚西湖的同时，在孤山重建三贤堂，并增祀李泌，成为四贤祠，西湖奉祀名人一直在延续。虽说竹阁也几经迁移和重建，但孤山设独立的白公祠也算是回归初心、恢复原貌了。

白居易喜竹、种竹、赏竹、写竹，留下了不少和竹有关的诗文。阮元非常喜欢他的一句诗——“水能性淡为吾友，竹解心虚即我师”，并在多处引用、以明心志：以水的清静淡泊的品格为友，心境清静自适而不热衷于名利；以竹的“心虚”品格为师，内心空明而无成见或谦虚而不自满。说明修身养性、治学待人所应采取的态度。

白公祠于嘉庆九年（1804）二月动工，五月建成，共三间。五月八日，阮元主持了新祠襄祀仪式，提笔吟联“但是人家有遗爱，曾将诗句结风流”，这两句掇取白公诗的联句，巧妙组合，正暗合了白公才华横溢、至情至性的特点。众人共贺，酹酒祠下。阮元的学生屠倬即席赋诗一首：

七百年后留去思，水仙秋菊苏公祠。
苏公出处似白傅，往往梦寐形诸诗。
穆宗长庆迄宝历，钱湖碑负鳞之而。
老于刘郎及崔相，当年已有同干支。
中丞坠地乃同日，甲辰未可分雄雌。
况来节钺统诸郡，不须州宅夸微之。
石函桥影夹明镜，溅溅流水鱼君陂。
迎神有曲自僋耳，铜琶铁板相酣嬉。
醉吟先生顾寂寞，小蛮瘦尽风中枝。
庭坚忽诸盖可欢，廉泉一洗云生栭。
洛阳那问履道宅，去马有客怀分司。
长公长帽定相笑，比邻讵比争墩为。
室三水五竹九一，仿佛买断双骖时。
年年一盏蓝尾酒，商玲珑唱余杭词。

这首长诗非常巧妙地以白公声口叙述了白居易在杭的经历、对杭州的偏爱及与好朋友元稹间的趣事，自然地把疏浚西湖的三大功臣白公苏公及阮元相关联，并由同年刘禹锡、崔植引出阮元与白居易同生日的佳话，非常精彩，赢得众人一致赞赏。屠倬也因此一鸣惊人，得到阮元的器重。屠倬，浙派篆刻家、诗人，清嘉庆十三年（1808）进士，后授江苏仪征县知县。在任期间，除盐枭，清疑案，劝民纺织，政绩显著。同时人评价："一官百里江淮海，三绝千秋书画诗。"

阮元还在白公祠隔壁另修一屋名"瀛舟"，此屋与他在巡抚衙署内一室同名。早在嘉庆五年（1800），阮元于抚署西厢池上修葺三间水榭，题名"瀛舟"，以漂泊于汪洋大海上之舟作为警醒，最初是阮元和同僚密商剿灭闽浙海寇诸兵事之所，其下有跋："瀛舟仙客，旧领清班。横海将军，新修战舰。构兹水榭，如坐楼船。志在澄清，铭诸几席。"这两处"瀛舟"也是临时会议场所和重要指令的起草地。每当要做重要决断的时候，比如调度兵船、奖饬镇将、配备兵器、筹划粮饷时，阮元常来这里，静心思虑，反复斟酌。或许，近在咫尺的二公祠内两位先贤在某种意义上引领着阮元做出最适宜的决断。阮元自号"瀛舟仙客"，丁忧离任后，于嘉庆十二年（1807），将指挥作战的档案整理成册，题名《瀛舟书记》。后其弟阮亨编《瀛舟笔谈》，记录了阮元抚浙时政事、学术、文章和交谊诸事迹。

白苏二公祠历史上曾多次毁建，到了清同治年间，藏书家丁丙出资重建，将白公祠和苏公祠合二为一。民国十六年（1927）开始，白苏二公祠由国立艺术院（1930年改名为杭州艺术专科学校）租用。之后白苏二公祠屡经变迁，终于在21世纪初获得重建。今天的白苏二公祠，位于孤山东南麓，占地面积2100平方米，建筑面积700平方米。三进院落，黑瓦粉墙，是杭州典型的祠堂建筑。修竹婆娑、梅影疏斜中白、苏二公静穆伫立，延续着安详的时光。阮元居杭之时，常有同僚和学生以祀白居易之名举行雅集活动，“香山生日会”在江南一带颇具影响力，阮元之后，春初祀白阮、冬末祀东坡，在杭州盛行。

图24　白苏二公祠阮元对联

白居易写了很多纪岁诗，诗中往往交待年龄、体貌特征、生活细节并抒发心路历程，犹如小传。受其影响，阮元偶尔也模仿白公笔调，以年龄入诗，并喜在诗中与白公作一比较：四十岁时用白公《白发》诗赋诗寄意；六十二岁学海堂寿日避客，诗茶相得，谓“六班千片新芽绿，可是春前白傅家”。皆因白公嗜茶，曾以自家秘制六班茶款待同僚而知名，有茶诗云

“绿芽千片火前春”。

白居易在六十六岁时连作两首《六十六》，其二云：“病知心力减，老觉光阴速。五十八归来，今年六十六。鬓丝千万白，池草八九绿。童稚尽成人，园林半乔木。看山倚高石，引水穿深竹。虽有潺湲声，至今听未足。”提及五十八岁时以太子宾客分司东都，回到洛阳，时光荏苒，转眼已八年。当年的儿童已长大，翩翩青年、风华正茂；园中亲手种下的小树长成了大树，可以遮风挡雨了，看自己却是两鬓银白、眼花力乏，诗人颇有些落寞神伤，在后一首诗中感叹岁月蹉跎，“交游成拱木”，“瘦觉腰金重”。或许因为年少多病，白居易对自己的寿命特别缺乏信心，所以“每因悲物故，还且喜身存”。生活不易，经历政治纷争、人事变故后的白居易，暗自庆幸自己避开了政治巨变，至少还活着。

清道光九年（1829），六十六岁的阮元驻守云贵边防，某个秋夜，蓦然想起同生日的白公，回忆四十岁时在杭州曾和《白发》诗韵，一晃已匆匆二十六年。联想白公六十六时有诗表示体衰力弱，又连掉两牙，写下著名的《齿落辞》，有所触动下，不由夜起挑灯，作《秋祭东园斋居诗四十韵》。诗中前半段略带悲凉地感慨近年眼花耳聩，虽头发花白，牙也还全，但眼镜已换了几副，还常嫌别人讲话声太轻，居粤八九年，风湿病重，身体疲惫“亦如其时”。接着以平淡的口气聊到了东园环境、家人近况及著述情况。转而自省“我无白公才，我比白公赢”，羡慕白公这个年龄已是闲居陪都，而自己却仍执守边陲，远离京城。然则即便如此，阮元没有唉声叹气，表示“聚者固相慰，远者叹相离。健亦勿侈乐，衰亦毋心悲”。可见亦有乐天精神，接到御赐“出门见喜”春贴时，更是如沐春风，喜上眉梢。只是担心老态龙钟，精力不济，如何能担当守护边陲的大任。虽然自疑，但最后阮元又道：“然不筹边陲，偷安又何为？”表达了老骥伏枥、效忠朝廷之情怀，并自我开导“大事在于祀，惟福养以之”。

第二年的正月二十日，阮元打破了独寿的习惯，邀请长寿老人刘廷植

图25 白苏二公祠旧影（杭州西湖博物馆总馆藏）

图26 白苏二公祠（周兔英摄）

（时年一百零四岁）、门生王嵩（时年七十九岁）入宜园竹林，“举瓯啜茗作寿朋”。两老发未全白，眼力、牙齿皆好，精神步履强健如六十多岁。园中桃李初放、杏花盛开，阮福在一旁烧松煮茶，轻烟袅袅萦绕着绿竹新篁。三寿游园赏景，共阅新刻成寄到的《学海堂经解》，品茗论经、谈笑风生，直至夕阳西下。这天阮元非常尽兴，自喻“香山七老”，表示“香山七老今得三，疑我年者使之计”。白居易晚年退居洛阳，在其寓所组织“尚齿会”，以诗文酒会友，皆是年逾七十致仕闲居者，赋诗纪胜、聚会宴游，誉为“香山七老”“香山九老”。这一文学结社活动被文人推崇，后在各地继承并延续。

阮元一生追慕白居易，以白公自勉，努力为百姓谋福祉。退休回扬州后，果如四十岁时所愿，仿效组建寿星社团，闲来和钱泳、梁章钜等几位高寿老人一同鉴古赏玩，诗文唱和，往来密切，得以诗茶养性，修身修德。

临危受命剿海匪

中国沿海受海盗困扰由来已久，影响较大的有两个时期——明中晚期和清乾嘉时期。商业发达的东南沿海首当其冲，处于东南沿海中心位置的浙江，情况更为严重。自杭州湾向南，浙江海岸线绵长，海域广阔、岛屿密布、港口众多，为海盗活动提供了得天独厚的自然条件。乾嘉之际，清朝由盛转衰，人口压力渐增，自然灾害、各地起义不断。当时，为了平定台湾林爽文起义，浙江水陆兵丁被大量抽调，造成海防空虚，更是给海盗的发展提供了机会。沿海零星的海盗小帮逐渐结成了有组织的大股匪帮如凤尾帮、箬黄帮等，他们与装备精良的越南海盗勾结，并伙同福建洋盗如水澳帮、蔡牵帮等在闽浙沿海大肆抢掠，形成了严重的海患危机。

清嘉庆四年（1799）二月，乾隆帝驾崩。实权在握的嘉庆帝痛下决心，部署了强硬的海防政策，要对当时猖獗的海盗进行全面反击。这年的十月初三，时任礼部左侍郎的阮元，奉旨“襄办大礼”，刚负责完成了裕陵等各项收尾工程，意外接到旨令，外调浙江署理巡抚，全权负责剿除浙江海盗事宜。

事发突然，阮元似乎有些诚惶诚恐，虽说旨命难违，还是小小推拒了一番。《弟子记》记载：“先生叩首固辞，不允，因不敢再辞。”拒绝皇帝的任命，在皇权社会非常罕见，虽没有说明原因，但从沿海形势看，似乎也可以揣测作为文官的阮元当时的心境：临危受命，唯恐有负皇恩。

事实上，任浙江学政三年的阮元了解沿海海盗危情，深知其害，也曾向当时的浙江巡抚当面提过剿匪一事，却没引起足够重视。回京后，阮元参加了嘉庆皇帝组织的海防讨论会，非常赞同嘉庆提出的严打政策。所以在皇帝一声“不允”中，阮元虽然明了这一行前途艰难，却也彻底打消了推辞的念头，带着皇帝“切防引诱，立定脚跟做去”的诫勉，振作精神走马上任。

浙江当时的情况，用老师朱珪的话讲是“浙西困漕赋，浙东急海防。温台接闽粤，鲸鳄难殪僵。吏婪生倍蓰，蚕食嘉湖杭”。政事复杂，社会问题突出，海防更是刻不容缓。

这年秋冬，杭州“风雨正凄然”，群匪又齐聚浙江洋面，似乎要给新巡抚一个下马威。十一月十五日，阮元抵达杭州接印，短时间内连上两道奏折，说明浙江海务面临的巨大困难，奏请恢复“民壮演习鸟枪旧制”和添造大船、重炮。嘉庆五年(1800)正月初八，阮元马不停蹄地亲自带队前往台州，督捕海盗，召见黄岩总兵岳玺，面授剿除土匪机宜，并在沿海地区开展实地摸底调查。

从他其后的奏本可以看出调查的结果令人失望：军备落后，数量严重不足；武器大多使用近身格斗的长矛，火枪火炮很少，沿海的炮台也名存实亡；水师缺乏必要的军事训练，水上作战能力低下；且薪酬低微，难以招募优秀士兵。

当时清政府在浙江水师的兵力不超过三千人，战船不足七十艘，而海盗船队一度超过二百艘，船坚炮利，舱边围裹牛皮，网纱甚厚，船炮炮弹重至十三四斤，船员超过一万。实力悬殊，浙江水师难以与之抗衡。

更堪忧的是，军队纪律松散，海户乃至水师官兵、衙役与海盗勾结，提供情报和供给。曾经出过这么一件事，某任浙江提督经过精心策划，决定对海盗展开一次火攻，却不料消息走漏，反而遭到了海盗的报复。火攻实施前一晚，海盗冲破海岸防守，上岸大肆抢劫，临走还放了把火嘲讽提督。

问题一大堆，该如何破解？

回杭后，阮元紧急召开了专题会共商对策，集体研究剿灭海盗的战略和战术。被请去开会的主要是常年驻守沿海的州镇官员和有一定威望的地方名流。会议气氛热烈，大家出谋献策，特别是针对整顿防务、重振水师提出了许多建设性意见。阮元综合采纳了大多数建议，制定了详细的剿匪方案，开始实施大刀阔斧的整治和改革。

其一，再次启用保甲制度，切断海盗的陆路供给。由各知府、知县负责实施，沿海村庄、岛屿编立保甲，确保居民、渔民全部登记在册。为防止流动的渔民去参加海盗或其他非法团体，指定在岸上有固定职业的人充当保证人。此外，实行团练，集中成年男子建立民防组织，派遣官兵训练民防使用鸟枪，增强自保能力，在危急时刻还可补充正规军。

其二，加紧提升装备。这事迫在眉睫，阮元带头募捐，前后共筹得资金10余万，加上浙江养廉银，于杭州、宁波、温州三地设冶造局，铸锻400余门大炮，建造了30余艘新型战船，并修筑了沿海要塞。

其三，强化法规，严肃法纪。颁布了《海防规条》二十八则、《缉匪章程》七则，严格查验往来船只的印票，无证出入者严厉惩处，严禁一切接济海盗的行为。阮元还组建了几支特殊小部队，如微服察访的巡查队、负责急传军事命令和消息的传令部队“走卒”及负责凿穿敌舰、水上搜救等紧急任务的“水鬼队”，各用所长，其效果非常惊人。

其四，出台怀柔政策，分解海盗队伍。浙江土盗成分复杂，有不少是迫于生计沦落为寇的渔民、水手和灾民。新政规定，海盗团伙如果前来投降，

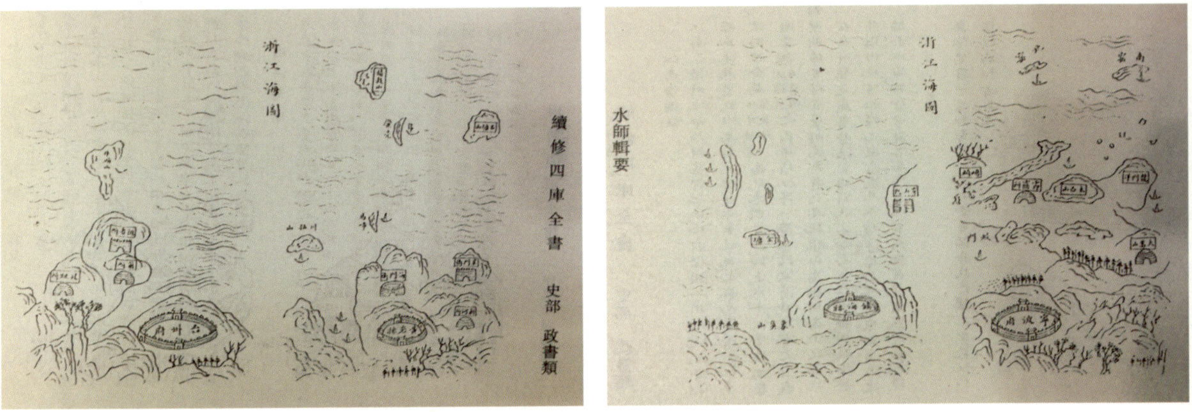

图27 《水师辑要》书影

只要交出船只、武器并解散队伍，就予以赦免。清嘉庆七年(1802)，阮元接受了卖油帮杨课的投降，取得了大量武器，卖油帮符合条件的人编入水师，其他遣返回乡自谋生计。

与此同时，重建完善的海防体系，加强与驻防海军主帅的联络和督管，整顿水师队伍，严格巡哨制度。为统一浙江水师调度，更迅速快捷实施作战计划，阮元向嘉庆皇帝举荐定海总兵李长庚为浙江水师提督，统领定海、温州、黄岩三镇，统一指挥浙江沿海海防事宜。李长庚是福建人，武进士出身，性格忠直，有胆有谋、英勇善战，“在水师，识风云沙线，自持舵，老于操舟者不及之”。曾署福建海坛镇总兵，曾因海盗作案而被错罢官职，带着对海盗切齿的痛恨，倾家荡产，招募乡勇，独力捕获海匪巨盗，与海盗展开殊死搏斗，是清朝中后期杰出的水师将领。阮元奔波各地，坐镇督缉、布置沿海每个指挥要塞。两人紧密合作，研究对敌战略，实施作战计划。事实证明阮元知人善用，眼光独到，李长庚治军森严，恩威兼施，战绩辉煌，海盗惧怕遇见李长庚，流传有“宁遇一千兵，莫遇李长庚”的说法。

阮元还实行有效的奖励方法。他以自己的廉银设立奖项，分赏擒获海盗的官兵。为防止草率枉罪和贪功舞弊，他常亲自审查。据载，每定一案，阮元就会在孤山白公祠静坐数日，仔细审阅卷宗，所花时间远远超过现场审案。

在此过程中，阮元与嘉庆皇帝飞书往来，保持密切联系，以解后顾之忧。嘉庆帝可以第一时间掌握前线情况，放权赋能，他对阮元的决策深表赞许，甚至贴心地说："若实觉心力不逮，可随时密奏。"以此表示全力支持。

阮元还实施了黄岩县令孙凤鸣的"先灭土盗"的建议，经过整顿的浙江水师接连打了几场胜仗，不久，剿灭了浙江第二大土盗箬黄帮，海防整治行动初收实效。嘉庆帝随即对此进行了表扬："闻卿在浙，颇能整饬，守正才优，朕心甚慰。"给予阮元和浙江水师极大的鼓励。

紧随而至的关键一仗充分展示了阮元的雄才远略，将门之后的军事潜能得以充分发挥。清嘉庆五年（1800）六月中旬，安南（越南）海盗三十条大船入侵台州海面，跟随的还有福建洋盗水澳、蔡牵帮及土盗凤尾帮等匪众，海盗船总数达到一百多艘，人数超过一万。敌我兵力悬殊，情势危如累卵。

阮元赶赴台州，现场督阵，急约浙江提督苍公、定海总兵李长庚、黄岩总兵岳玺密商方略，会合三镇，整合一切能用的力量调派布防。而后，安排李长庚和岳玺同赴海门，参将李成隆和同知时敏赶往松门，严阵以待；派遣绍兴、温州陆军奔赴台州，策应水师，为加强力量，巡抚所属的二百抚标兵也一并用上。同时，急奏调动闽粤水师北上增援围剿。

其间，为分解海盗队伍，阮元实施了离间计。海商郑天选的船队常年在海上航行，曾被海盗劫持，因缴纳赎金，得以和水澳帮海盗头目结识，并建立起较好的私人关系。阮元委派郑天选成功离间原本关系一般的水澳与蔡牵两帮。其实这也是阮元原计划之一，在几个月前的专题会上，阮元约见的重要人物就有郑天选，这次刚好派上用场。随后，水澳帮与蔡牵帮发生了一场恶斗后，带着三十多条船离开了闽浙边界。

调令往返拖沓，援军闽粤水师一直未曾露面。战火却是一点就燃。孤军作战的浙江水师官兵拼死抵抗，总算抵挡住了海盗的多次冲击，双方互有伤亡。海盗见很难轻易得手，遂后撤到松门龙王庙海面停泊，准备次日乘涨潮之际抢滩登陆。阮元坐镇台州府亲自指挥。当夜，一场突如其来的台风神助攻，海盗船在狂风巨浪中被撞碎。落水的海盗试图向海山、岸边逃生，提前布控在岸的陆军和乡勇抢占有利时机，连夜追捕，大获全胜，“前后生获八百余贼，淹毙约四五千人”。海面上，同样受创的官船在李长庚的带领下，奋勇追击，成功截获了几条企图逃逸的残存海盗船，缴获重两三千斤的紫铜炮五六门，铁炮三十余门，其中重四千斤铁炮一门。

这场胜仗战果辉煌，浙江最大的土盗凤尾帮被灭，安南海盗被逐。浙江水师逐渐掌握了海战的主动权。

骤雨初歇，就任以来一直处于高压状态的阮元明显感到肩上一松，一语双关道：“坐觉风初定，遥知海不波。”但阮元从未放松海防警戒，他加强水师队伍建设，组建机动舰队，由李长庚率领，往来三镇洋面巡捕；强化海岸防备，筑台开营，增兵添炮。清嘉庆六年（1801），装载火炮的新战舰“霆船”造成，水师装备大幅提升。为振军心、提士气，阮元识拔立功将领，建昭忠祠。连续作战后，浙江沿海零星土盗如黄葵帮等俱被歼灭。嘉庆八年（1803）大年初一，蔡牵入普陀山进香，被李长庚打了个猝不及防，单舸南逃。李长庚紧追至福建，准备一举拿下之时，蔡牵向闽浙总督玉德诈降，再次逃脱。但此后很长一段时间内，蔡牵不敢轻易踏进浙洋。

为加强联防，嘉庆九年（1804），在浙江三镇联防统一号令的基础上，阮元奏请新设闽浙总统一职，闽浙两省统一号令，不分闽浙，严拿蔡牵。

遗憾的是，阮元苦心经营的围剿海盗事业在他因丁忧离任后陷入低迷。水师总统李长庚坚持与海为伍，追击海盗，其间也是功勋卓著，但没有了阮元的支持，个性耿直的李长庚受到了诸多诽议和钳制。闽浙又开始各自为政，在一次追击蔡牵的战役中，浙江水师孤军奋战，李长庚身先士卒，不幸被敌炮击中牺牲。消息传来，阮元悲愤不已。浙江痛失名将，土盗再起，侥幸逃脱的洋盗蔡牵也很快成为海上实力最强的海盗，剿灭海盗的大好形势出现逆转迹象。

李长庚的殉职，令嘉庆帝扼腕长叹，深表“可惜之至”“心摇手战”，严谕浙江、福建水师，全力追捕海盗集团；并再次任命阮元抚浙，谕令坚壁清野，以靖盗源。

这一次，阮元没有二话，挥马南下，根据嘉庆帝的指示部署了一系列剿匪策略。对内，加强联盟，闽浙水师得以再次通力合作；提拔、抚恤作战英勇或负伤的将士，以凝聚军心、提振士气。对外，采取分步战策：第一步，集中力量打击新滋生的土盗，迫使土盗相继投降，加入了官方的追剿行动；第二步，继续采用离间法，派人渗透到海盗营内散布假消息，破坏了当时最大的两股海盗蔡牵帮与朱渍帮的同盟关系，蔡牵被孤立；第三步，实施各个击破，首先消灭势力相对较弱的朱渍帮，再集中力量歼灭蔡牵帮。浙江海防重现起色，阮元过人的领导权威和军事谋略此时再次得到了展现。

嘉庆十三年（1808）五月、七月、十二月，阮元三赴宁波，甚至除夕未归，督查各处海口，禁绝偷漏，催令三镇水师海上追剿海盗，水师前后多次出击，各处土盗纷纷落网，“兵船之威复振”。其间，阮元“督诸镇进兵合剿蔡牵”，蔡牵几次远远望见兵船均“不拒而逃”。

为使军情、军令快速上通下达，阮元特制“军务传单之法”，命令沿海营县，一遇盗匪，立即填写军务传单，由专差昼夜兼程风雨无阻，以最快速度投送舟师，飞请会剿，延误军情者以军法处置。又创“专注首逆分船隔攻之法”：将精锐之兵分若干船，专事隔开匪首周围之余船，以使其不能救匪首为功；另选高大坚固的战船若干，内藏精锐之兵，专力围攻匪首之船。

第二年，阮元本拟“亲赴沿海督缉调度各镇兵船”，奈何遇上入京“祝嘏”，“料理案牍，刻无宁晷，竟不及分身赴宁”，他致信浙江提督邱良功，全权委托他指挥调度剿捕蔡牵事宜，交待“所有调度一切剿捕事宜，诸望弟台专司指挥提挈……其应行雇募大船，配足炮械等事，均乞与宁波道府札商办理，随时示以数行可也”。阮元非常牵挂前线战况，七、八月间，连续六度飞书邱良功，或分析形势遥指战略，或赞赏其督率有方，予以鼓励，并再次强调分船隔攻法。

八月十八日，闽浙水师用阮元的“分船隔攻法”，对蔡牵实行了包围战术，使其他盗船无暇前来支援。蔡牵弹尽粮绝，甚至用银子来做炮弹，最后全船沉没，“镇海王”就这样葬身鱼腹。

阮元终于在离开杭州前了却了灭蔡的心愿，得以告慰李长庚在天之灵，他有些激动地说道：“定知故帅神灵在，看尔长鲸就戮时。”

蔡牵死后，肆虐浙江海面的海盗大帮均已覆灭，其余一些残存势力此后也相继投诚或被剿，东海海面河清海晏。

雷霆出击擒窝盗

在剿灭海盗的风雨战线中，将才之后阮元文韬武略纵横捭阖，谋略和胆识得到充分的施展。其实在这之前，阮元已经小试牛刀，以雷霆之势清除了杭州周边的两个积年窝盗，化乱为治。

嘉庆四年（1799）年底，阮元刚入抚署不久，就接连收到杭州府属海宁、绍兴府属山阴和会稽等州县的禀报，当年十月底十一月初，辖区内多家店铺、民居遭遇盗贼夜间持刀抢劫，居民一时惶恐不安。他敏锐地意识到，短时间内突发这么多起劫案，附近必然有盗贼屯聚的窝点，“宜及时严拿，以安闾阎”。

阮元马上安排部下悄悄进行排查。不久，消息传来，有个叫陈阿三的人专门在绍兴、海宁交界的南沙海边窝藏作奸犯科之人，其中有特赦的罪犯、走私盐犯，还有外来的无地无业流民，数月间蔓引飏延，已聚集了数百人。这是一支有组织的队伍，互相间以绰号相称，出则佩刀，自封“小梁山”。头目陈阿三出资作盘缠，指使流寇昼伏夜出，伺机抢盗，所得财物大家分赃。

江湖上盗贼活跃，像这样的盗窃团伙，经常流窜作案，遍及各地，地方官员虽然头痛，却因抓捕难度大，畏难苟安，延搁造成大患也不在少数。清嘉庆四年（1799），位于京畿重地的长辛店（当时写作“长新店”），发生了一起让嘉庆帝震怒的大型盗窃案——长辛店肆劫之案。

长辛店临近京师，地处京城西南之交通要道，被誉为“十五省通会之衢”。从全国各地进京朝觐、科举、谒选、经商的行旅多在此歇脚，带动了本地区的繁荣。长辛店街道长约五里，又称“五里长街”，街上店铺林立，商业贸易兴盛。

当年九月二十七日，长辛店街道恒升、信成等店铺遭遇结伙盗劫。统计失银三千余两并零星衣物数十件，各店事主并伙计九人被贼殴砍致伤。辇毂之下，竟有盗匪数十人黑夜肆劫，实为从来未有之事，嘉庆帝龙颜大怒，在半月之内连发多次谕旨，责令时任直隶总督的胡季堂迅速捉拿案犯，尽早结案。

而实行肆劫的张标等惯匪，嘉庆帝早有所闻并曾多次密谕、面谕胡季堂，但胡季堂没有足够重视，以缓办为辞，一再迟延，酿成巨案。嘉庆认为，

图28 〔南宋〕夏圭《钱塘观潮图》（苏州博物馆藏）

胡季堂若能早遵旨意，张标当已久遭擒获，何至有长辛店被劫之事。最后的处置非常严厉，曾在参倒和珅案中立下头功的胡季堂因查办不力，被削去太子太保衔，摘去顶戴花翎并革职留任。因此，长辛店案涉案金额虽不大，影响却很大。

或许有了前车之鉴，陈阿三这支已有些规模的盗窃团伙引起了阮元的高度警惕。摸清底细后，阮元兵分三路，迅速行动重拳出击：第一路是伏兵，阮元提前调动下属各营县的兵力，部署在各自的交通要道，以堵截盗匪逃窜之路。第二路擒“王”，这路最为关键，阮元密令山阴县知县裘世麟亲自率兵，直捣南沙陈阿三老巢，一举擒获了窝首陈阿三等一干头目。其余盗匪得到消息，四处逃窜，则被早已部署在要路的截拿人员纷纷抓捕。第三路是收网，杭绍二府所属的海宁州、会稽县、上虞县、仁和县、萧山县、余姚县、绍兴府等地同时开展拉网行动，派出名捕缉拿留滞各县的党羽。这次行动，贵在神速，阮元运筹帷幄，地方官员和兵丁协调配合，罗网严密，除恶务尽，“小梁山”被一网打尽，不留后患。

就在同一天，阮元还用计突击剿清了另外一股黑势力——钱塘江上的江盗。

浙江省内最大的河流因江流曲折被称为之江、折江，又称浙江，省名即由此而来。浙江下游的杭州段被称为钱塘江，江水东流入海，最终进入太平洋。钱江潮涌时浊浪滔天，如万马奔腾，为古今传诵的自然奇观。江两岸肥沃的土壤造就了历来的鱼米之乡、富庶之地。然而，嘉庆初年，钱塘江上却并不太平。江上出现了“乌鸦船”，以行盗为业，且颇具规模。这种“乌鸦船”只能容纳几个人，驾驶的人躺在船尾，用脚来划桨。船虽小，却十分灵活，钱塘江潮水汹涌的时候，连大船都有倾覆的可能，乌鸦船却能随波上下，腾挪自如，随波而来，神出鬼没。大潮没来的时候江面还是空无一船，一片寂静；潮过之后，转眼间却聚集了数十百艘这样的小船。亡命之徒就藏匿在这些小船上。日暮之后，在夜色的掩护下，他们倾巢而出，围劫来往船只或岸边百姓，劫掠之后，又迅速回到船上消失无踪。钱塘江沿岸分属不同地域管辖，乌鸦船沿江而行，东奔西窜，行踪不定，往往在甲县作奸犯科后立马逃往乙县，如地方不合力，很难追捕。商船和沿江百姓深受其苦，日子过得胆战心惊。而地方官吏往往以“一县动不能制，数县动又不齐”为由放任，积久难治。

与陈阿三案不同，或许是考虑到了江盗与地方的密切联系，这次行动阮元没有惊动府县，全程保密。他亲自前往江边，花了几天时间探访密查，直接指挥处理这一棘手问题。

经事先侦察，乌鸦船船主藏匿在富阳虎爪山（今属萧山）一带，此地是钱塘与富阳的分界，虎爪山临江而卧、盘旋险峻，且与浦江、诸暨诸山相连，一旦打草惊蛇，追捕难度很大。

阮元单独召见了富阳典史韩桀，让他秘密调查窝藏盗贼的船户姓名住址。为防止消息走漏，阮元声东击西，以赴南沙捕盗为由，在行动当天速召了两名萧山老捕快来衙，以渎职为由严辞责问：“你们姑息乌鸦盗船，危害社会，所有事情我都已经查得一清二楚，重罪理当问斩。”两人吓得头冒冷汗，不停磕头，承认知晓盗情，愿意带兵搜捕，将功抵过。阮元当即写下密信让两名差役带到教场去，与早已安排好的百名水兵一同开拔捉盗。船至钱塘江心，将领拆开密信，才知道是去缉捕乌鸦船，信中详细列出地点姓名。官兵这才“返棹西指，夜四鼓至盗窟，围屋鸣枪”。乌鸦船盗窟被杀了个措手不及，盗匪被围剿，匪首韩球被正法，各地积匪或被捕或逃散，对于承诺从良者，实施教化，散遣复业。这场行动省内文武官员全不知情，保密工作可谓到位。钱塘江涛声依旧，但行旅之人不再战战兢兢，岸边的百姓也能安居乐业了。

消息传来，嘉庆帝深感欣慰，称赞阮元“到浙未久，甫经实授巡抚，于积年窝盗要犯即能留心查察，饬属严拿到案，具见缉捕认真”。联想当年直隶省张标一案，伊等存心畏事，如果能像阮元一样早行办事，又何至酿成大案？于是再次感叹“阮元办理此案，任事实心，克副委任”，表扬“浙省吏治大有起色”。

阮元一日之内速战速决，以“快、狠、准”扫除积年窝盗，既是四方邑境安宁之需，也是其政治战略。他在实授浙江巡抚后上表谢恩：“遽膺重任，感悚交乘。查浙省政务殷繁，措置不易，臣惟以勤补拙，以俭养廉……至近日剿捕洋匪之事，攸关紧要。”可见内忧外患，压力之大。肃清地方、民心安定，方可以全力清除外患。

兴利除弊饬吏治

“天下井田久废，生齿日繁，朝廷不能行限田之法，宗子又无收族之方，以致豪强者田连阡陌而淫侈亡等，贫窭者勤动终岁而俯仰无资。”这是与阮元同时代的陈康祺在《郎潜纪闻初笔》中描述的社会现状。清乾隆以降，国势渐衰，吏治腐败，百姓困苦。作为个体，很难与大局抗衡，但身为朝廷命官，主政一方，至少可以在所辖领域，尝试作一些改变。阮元自身清廉，恪尽职守，在浙江，借清查府库之机，兴利除弊、整顿吏治，一定程度上扭转了浙江官场的风气。

清查府库

乾隆中晚期开始，钱粮亏空严重。官场的贪腐，直接反映在地方府库的亏空上。府库一动，必然牵涉各方利益，容易引祸上身。其时曾发生两起和清查府库相关的代表性案件：一为乾隆五十五年（1790）尹壮图案。内阁学士兼礼部侍郎尹壮图反对和珅创设的以罚代刑的“议罪银制度”，认为该制度纵官贪污营私，对真正犯有过失的官员却起不到惩戒作用，上疏指出“各督抚声名狼藉，吏治废弛”，希望能派大臣到各省秘密察查。后乾隆命户部侍郎庆成陪同尹壮图前往各省清查府库，但在两人出发之前，和珅已然做好了准备，授意庆成提前通风报信，沿途各省接到通知，立马拆东墙补西墙作好安排。尹壮图这一行必然是查无实据，不了了之。尹壮图虽明白其中的内情，却无可奈何，最后因此而被贬。另一件就发生在浙江，乾隆五十一年（1786），时任浙江学政的窦光鼐上奏举发浙江省仓库亏空巨大，结果引火烧身，浙江几乎所有官员都站到了窦光鼐的对立面。在后续的清查中，钦差“官官相护”，窦光鼐孤身奋战，受人诬陷，一度遭囚禁。官场恶劣如此，鲜有直言忠谏，腐败亦愈烈。

嘉庆皇帝亲政后，力图扭转风气，反腐的第一刀刺向了和珅，并以此为契机，掀起了一轮反贪风暴，惩处了湖北道员胡齐仑、巡抚福宁等一批重要官员，并求言纳谏，“下至末吏平民，皆得封章上达，言路大开”。为打消官员顾虑，还给一些有代表性的冤案平了反，包括尹壮图案。

军机大臣王杰上疏将“各省亏空之弊”列为应亟加整顿的弊政之首。随后的嘉庆三年至五年（1798—1800），进行了全国范围的大规模府库清查，查明各地府库积欠达2000余万，“做空、借放、私挪、延宕报销、捏造赔款”等各种侵蚀国帑的手段无所不用其极。

浙江各地府库亏空竟然也达四百六十多万，前任巡抚利用漕羡和采办项目弥补了一部分，但亏空仍近一百九十万。素称沃壤的东南财赋之地，如此财政状况，令人瞠目结舌。

首任封疆大臣，就背负着巨额债务，阮元不敢有丝毫怠慢。账本就摊在抚署案桌上，核对账目出入，仔细分析，府库亏空成因复杂，抛开用兵、海塘等开支项目，阮元把“上司平时收受陋规，奢华靡费，属员有所挟持，得遂其侵肥之计”放在第一条。其时社会普遍存在收受陋规，上司以“敬”为名收取各种献礼，下属仰仗其势，或侵吞公款、巴结逢迎，或借机要挟、乘便肥私，如此逐级仿效攀比，造成上下皆贪，侵蚀行贿成风。官场沆瀣一气、内外勾结，一些因公不能开销的项目，一时无措，即以公款支用，及至遇奏销时，挪新掩旧，甚至横征暴敛，应付考核，导致旧账累新缺，积重难返。账本中还有不少欠票，往往是吏属巴结奉承、互相通融的一种手段，新旧官交接时，情愿出结担承，公然写立议单，由监查人员画押用印作保。有些单据长达十余年，涉及数任官吏。

如何清理亏空，阮元颇费了一番心思。官网错综复杂，牵一发而动全身，浙江有前车之鉴，不得不谨慎行事。他仔细分析了当前的严峻形势，认为急进查办、快速补足空缺的方法有三，但皆不能兼善。

其一，按数勒追前任各官。但有些亏空发生在十余年前，前任官员中，已降革问罪、死亡破产者不在少数，恐怕可以追查收缴者不到十之二三。

其二，责令现任弥补归款。部分新任既然出具了结单，就有责任承担债务。但现实是如今清厘漕务、禁派采买及缉匪兵勇口粮等各种摊派，向来靠现任捐廉，要快速弥补也不可能。逼急了难免出现苛捐杂税，反而加剧社会矛盾，适得其反。

其三，清查挪新掩旧，挖出被掩盖旧账。如此一来，恐怕十之八九的官员都要被革职审查，势必引起政局动荡，对清款也无益。

权衡之下，阮元向嘉庆帝奏请采取“宜缓不宜急”的年清年款方法，他诚恳地表示：“臣蒙高厚天恩，畀以封疆重任，于熟筹弥补之法，固不敢督责太迫，致州县婪索，滋扰闾阎；更不敢查办迁延，致国帑久悬，复滋影射……夙夜思惟，不敢少涉冒昧，似年清年款一条，尚可收实效而少流弊。”

年清年款方法即区分新、旧账务，当年款项当年清，各州决不允许再出现新的亏欠。对于陈年旧账，鼓励各州县在节流上下功夫，确保每年有节余，逐步填补前亏。同时对于涉腐官员，也制定了在岗和离岗不同的处理方案，调齐单据，查明缘由，视用途分类追缴追责。如此，既可以持续补缺，又不会扰累民生，体现皇上的爱民之情。

阮元的提案符合嘉庆帝安抚地方、让百姓休养生息的求稳思想，嘉庆帝回复：“所办是弥补之法，宜缓不宜急，于官有益，于民无损，宽其日期，得以日增月益，逐渐全完。”

而后阮元在全省推广开源节流政策，并推进实施“反贪污、反浪费”专项行动。他要求各州县必须痛改前非，摒除浪费，节省开支，将节省下来的费用按月解缴藩库，填补亏空。“本县补毕，划补同府之县，同府之县补毕，划补通省最苦之县。但须在十年以外，守此不变，始能清楚。”以此为突破口，大力整饬吏治，严格监察总督、巡抚、藩司、臬司、道台等各级衙门的大小官员，严禁掠夺州县费用，一旦发现侵贪即严惩不贷。《清仁宗实录》记载，当年，清廷根据阮元呈报，罢免浙省官员十一人，另有多名不能胜任岗位和心态浮躁的官员被处分，此举对浙江官场起到了一定的震慑作用。这种循序渐进的方法逐步取得实效，后任者皆循此法执行。未及二十年，嘉庆末

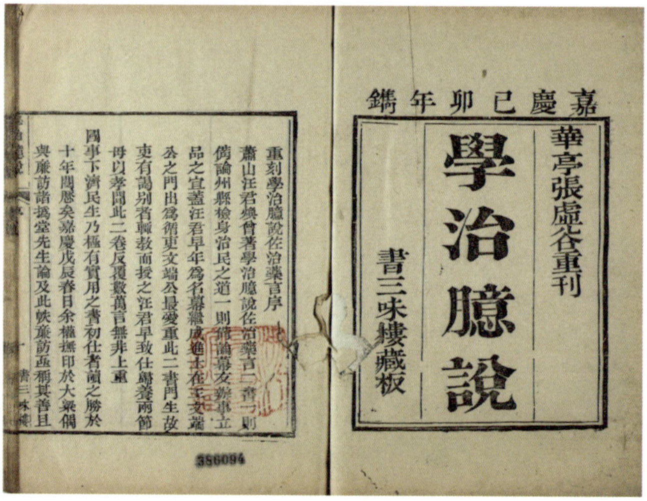

图29 《学治臆说》书影

年，帅承瀛抚浙时，奏浙江各地财政亏欠皆平，足以证明阮元所立之法卓有成效。

整顿吏治

阮元整顿吏治多从具体事例入手。浙江沿海州县财政亏空的另一原因是工程贪污。浙江海塘工程是浙江水利的重中之重，所谓“灌溉田亩，保聚室庐，全赖海塘捍卫”，历代都在努力修塘御潮，清代更是将兴修海塘视为国家战略层面的头等大事，形成了稳定的岁修制度。但由于历来海塘工程“由各州县帮办”，虚报项目、借工程施工浮冒贪污事件屡见不鲜。阮元深查后对项目制度进行了改革。革除州县帮办陋规，委派精通水利工程的技术人员仔细核算项目预算，用工用料，依斗定尺、严加审核，再选用地方上德高望重的人士主持工程，从而堵死了州县和塘官从中贪污渔利的渠道，既保证了工程质量，又制止了铺张浪费。

图30 汪辉祖像

关榷征税，历来为国家重要财赋收入，但由于贪官污吏把持鱼肉，商旅过关如过鬼门关。杭州北新关是明清两朝设在运河边的重要关榷，关以桥名，上为桥，收陆路商贾之税，下为水门，收水运商船之税。在漕运繁荣的年代，作为扼守京杭大运河水陆要冲，北新关税银贡献颇丰。据载，清康熙二十五年（1686），此关收税银达十万两之多，约占全国各关税银总额的8.8%，可见其地理位置的重要。

图31 汪辉祖故居

然而，利益汇聚之处从来即蠹弊丛生之源，与钞关百物辐辏、商贾云集的盛景同时存在的，是屡禁不绝的钞关腐败问题。北新关关吏把控关口，以钞关为窟穴肆意敲诈勒索往来商旅，其张扬跋扈曾令人感叹：“往来行人何戚戚，过关莫如杭关难。”

为此，阮元反腐的另一重点就是痛惩恶习，大力整饬关榷弊端。他公开明示纳税科目，详细列出各科税额，让纳税人一目了然；严令关吏按标准收税，不得加倍收取，增加商民负担；重申“禁革重照”禁令，警告各关避免重复检查、多头索取，如有越权严惩不贷；并撰书一联挂于关署大门前：“上古无关征，后世不得已而榷关，慎勿失其初意；本朝税有额，小民如其分以纳税，何可使有怨言？”此联从“设关”的不得已说起，上联告诫关吏谨慎办事牢记初衷，不得额外征收；下联声明国家税赋有限额，晓喻商民如分纳税。

经过一段时间的整风肃纪和严加监管，北新关税务日渐正常，商民通关不再战战兢兢。其时，文学家乐钧、谭光祥曾赋诗记录阮元抚浙前后杭州关的状况，表示曾经的“关吏猛如虎”，如今已然“关吏豪搜弊已除”。经此整顿，物货阜通，商民称好，国家关税收入只增不减。

另外，阮元的盐政改革也填堵了盐课赋税的漏洞。嘉庆初年，浙江棚户煎卤制盐、私行贩卖盛行，严重扰乱了国家盐政秩序。针对此情况，阮元调研制定了《收盐章程十二条》，奏请发帑收买私盐，提出“化私煎以为官灶，安贫民以裕国帑，目前之利弊所宜熟筹，创始之章程尤宜详慎”。他把私盐贩子登记造册，纳入国家正常的盐政管理之中，既提高了国家税收，又使老百姓有了生活保障，一举两得。

严打之下，各级官吏无公可贪、无肥可食，贪污成瘾的他们便动脑筋找门路，妄想撬开抚院的后门。但是，阮元不理这套，他在抚院设置重重关卡严加防范，不宴请，不受赠。

这天，发生了一件奇葩事，抚台大印不见了。官印就是权力的象征，丢失官印是掉脑袋的事，官印若落于他人之手，后果更不堪设想。抚院上下一时心急如焚，阮元严令封锁消息，多方寻找，但是翻遍整个抚台大院也难觅踪影。这时阮父阮承信还比较镇定，思之再三说：掏井！一颗抚台大印果然就从井中捞出。后查明此事原委是抚院有个王姓仆役受人利用，盗窃大印，事后又心虚而扔到井里。

眼皮子底下发生这种蠢事，阮元痛心疾首，借此在全省范围内开展了一场大规模的学习活动，希望“学与仕合”，通过学习改变观念、改善官场积习。他重刊了当时著名的清官和良吏汪辉祖所著的《学治臆说》《佐治药言》，颁发给下属官员，要求以汪辉祖为楷模施行善政。

汪辉祖是杭州萧山人，二十岁就开始幕僚生活。他博览群书、精明干练，处理民间纠纷和诉讼案件，力主审慎公允，深得民心，有“廉明听正”之誉。当时社会流传：“事经汪君，必无冤狱。”在湖南宁远知县任上，汪辉祖关心民生疾苦，鼓励发展生产，教化民风，崇尚节俭，筑城墙、修水利、办书院，深受当地群众欢迎。《佐治药言》《学治臆说》记录了他三十多年来从事刑名师爷和担任地方官的体会和经验，论述了官员从政的品德、原则、职责和技术，对处理地方行政实务有不少精湛论述，且饱含朴素的人道主义精神。阮元欣赏汪辉祖，早在视学浙江时，因征荐孝廉方正，听闻过汪辉祖的事迹，参与了荐举，并赋诗云：“安得尽如君，举以答明诏。”他在重刻的序中说：“上重国事，下计民生，乃极有用之书。初仕者读之，胜于十年阅历。”希望各级地方官吏通过学习，掌握一些基本的实务处理技艺，提升行政管理能力；并忍不住感叹说，如果官员都能像汪辉祖一样清明奉公，社会就安定了。

阮元坚持治吏树廉，视汪辉祖为学问与治事相结合的典范而褒扬宣传。汪辉祖去世后，阮元撰写了《循吏汪辉祖传》，其中说道：“天下虽大，州县之积也。州县尽得孝廉者治之，则永治矣……持此以为治，虽愚必明，虽柔必强。”再次强调基层地方官的重要性，地方官直接服务百姓，对民间疾苦有深刻了解，是施政成功的关键，基层吏治若得澄清，则民生大幸。

总要人家善护持

致灾已不德，有力敢不殚。
所赖高田稔，米价平市阛。
种荞亦成熟，虽贫心已安。
终思卅万人，家室何时完。
朔风生涧道，伏轼兴长叹。

清嘉庆五年（1800）六月，浙东水灾，到巡抚任不久的阮元在《浙东赈灾纪事》诗中，把自然灾害归结为自身的德行不够，灾难既已造成，作为父母官，如何能不全力以赴去救助？他检讨自身行政，积极采取各种措施救灾，忧民所忧、安民所安，字里行间透露出浓浓的悲悯之情。

“民与官共手足，使人民受所赐”是阮元的民生理念。正因如此，虽然政务繁忙，阮元总是能深入一线，体察民情，以民生为本，讲求尽善，注重基础设施建设，开展慈善活动，切实解决底层老百姓的生存问题。

赈灾济民

嘉道年间，自然灾害频繁，赈灾济民成为阮元在浙期间的一项重要工作。“夷寇荡颇尽，婺栝民亦残”，嘉庆五年（1800）的那场大雨，助阮元战胜了海盗，但也造成了浙东三府三十县受灾，三十万人陷入绝境。山洪暴发，房毁人伤，大片良田积沙成滩，刚长穗的稻谷全部受淹。还在台州坐镇指挥的阮元，当即督率藩司就近察看慰问，并派员赴各州县勘查核实灾情，第一时间上报嘉庆帝请求救济和豁免捐税，并启动紧急预案开仓救济。

阮元历来强调“治寇在于猛，恤灾务于宽”，因此，救灾应对快速、扶助力度大，在后续的赈济过程中有不少创举。

其一，力求精准，有详细可操作的方案。他将受灾情况与家庭人口、贫困程度综合考量：“极贫赈给四个月，次贫与九分灾极贫者赈给三个月，九分灾次贫与八分灾极贫者赈给两个月，七分灾次贫与六分灾极贫者赈给一个月。每大口月给米一斗五升，小口减半，其余分别蠲缓者不等。”共发放四十万石仓谷。考虑到地方差异性，还通过平粜、减税等举措，尽可能为灾民争取政策渡过灾荒。

其二，重视选人用人。为使抚恤粮能真正落到灾民手中，阮元起用民间推举的公道正派、谨慎尽职的乡绅主事，还委派有“浙中良吏第一”之称的李赓芸负责转运粮钱，平粜粮价。阮元将筹银两万交给李赓芸，交待“惟惠于民，任便宜为之”。

其三，首推政务公开，接受群众监督。饬令各县将每户人口、每月赈银、赈米数等在村口张榜公布，信息公开、增加透明度，其间还委派专员现场核实。如此一来，“妇孺皆知”，“贪官亦不能病民侵帑”，杜绝了小吏从中渔利。

当年冬天，大雪封地，天气异常寒冷，阮元牵挂着灾民：“饱饭被复陶，犹觉此地寒，矧兹灾余民，食少衣复单。”丰衣足食犹觉寒冷，缺衣少食的灾民该如何过冬？腊月初，阮元即冒雪深入乡村僻谷，慰问灾民，并以册核榜，以榜查民，核实救灾钱物发放情况，沿途村民无比感动，所到之处，夹道欢迎。半个月的走访巡查结果令人欣慰，“保甲门牌悉与赈册户口符合”。发放的谷粒饱满干洁，银俱足平，灾民依照排定的村庄，循次赴领，现场有序安静。

粥厂施赈，是清代荒年赈济的一种较为普遍的形式。嘉庆十年（1805），杭、嘉、湖三府大水灾歉收，阮元开粥厂施赈，通过民间捐助积极筹集资金，制定系列措施，对粥厂位置、设施、现场管理、粥的质量和赈济方式都作了相关规定，并严格按章行事。十五个州县共设三十四个粥厂，每二三十里间就有一个，饥民能够就近领粥，避免奔波。粥厂分三处，男女各一，老弱病残另设，每处都用木栅围合，符合条件者凭筹码入内。每到打粥时，以敲梆子或放炮为信号，按先后顺序排队打粥。特别值得一提的是，阮元还采取了许多人性化的措施，如厂内搭盖大芦篷以免雨淋日晒；过道装扶手以防滑倒；设立紧急救助站，给需要者配送药物；还单独为妇女建立厕棚、为哺乳的母亲提供私密场所；新产妇不便领粥，直接发给粥米；孕妇加量等等，非常细致体贴。

为了保证受灾饥民能够靠粥生存，专门就施粥定下了规矩：第一，所施之粥要达到一定浓度，必须可以立筷子，不会渗粗布；第二，保证粥的数量，做到管饱不限量；第三，现场负责官吏与民同吃，确保灾粮质量。

同样，每个厂聘请诚实的地方绅士管理钱谷和煮赈事务，官吏不能插手银米，只在现场维持秩序。为此阮元还专门颁布《赈厂札谕》，地方官员和绅士人手一份，强调“妥实处理，务使颗粒皆归民腹，不使稍有侵蚀、冒滥诸弊在案”。要求操办人员保持警惕，全力以赴，切勿掉以轻心，“尽一分心即贫民多受一分之益”。言辞恳切、让人为之动容。他自己则乘小船，着便服，日夕稽查，“历各厂亲尝粥焉”，乡贤耆老都为之感动。由于制度严明、

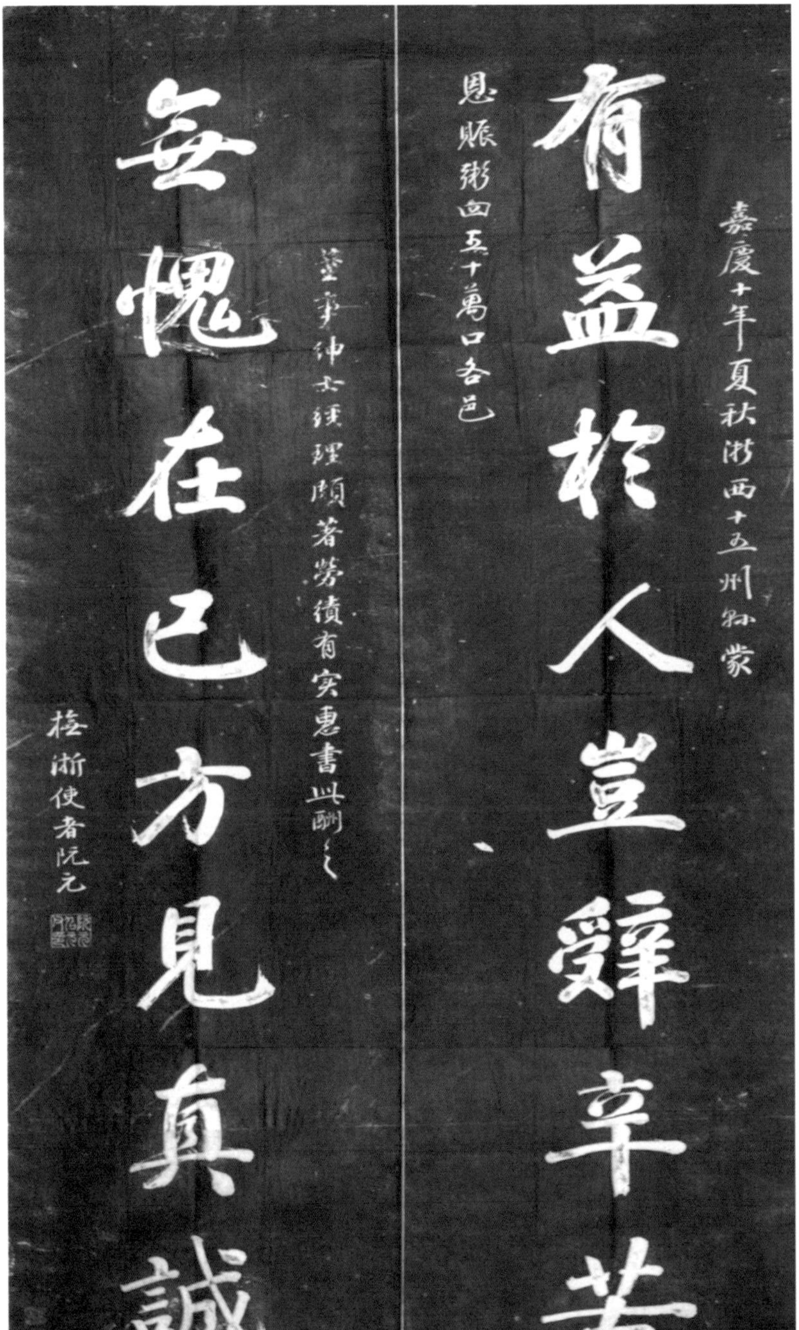

图32　民国拓阮元书酬赈粥对联（浙江省博物馆藏）

管理有力、执行到位，每天几万人进出的粥厂，秩序井然，前后长达四十天的时间里，未发生一例死亡案件。

在有效地赈灾的同时，阮元为灾民积极争取请减课税：海塘塌陷受损，阮元减除萧山所辖部分田亩赋税；浙东山洪暴发，多个州县田地灶场多被淹没，阮元奏请将应征本年地、漕等银米，继牧租、灶课按份蠲免，其蠲剩及旧欠照例缓征。在审讯陈阿三一案时，阮元发现萧山海沙牧地租金、灶课过重，而沿江沙地一旦遭遇潮灾就颗粒无收，案中不少盗犯正是无法生活被迫为盗的佃民。阮元意识到，此事不解决，民生不安，于是上疏奏请减租减税。灾年免租，既稳定了居民，又保障了供给，还杜绝了官吏挪用，不致亏空。

对比同期受灾的天津，虽然也设立了粥厂，却因地方官的中饱私囊，不少灾民冻饿践踏致死，甚至因管理不善，引发大棚火灾，导致二次灾难。陈康祺不无感慨道："阮文达抚浙，所谓实心实政也。"

整顿育婴堂

赈灾只是救一时之急，建立扶贫帮困的长效机制，让浙民安居、"无业者皆遂其生"，才是长治久安之道。阮元成立了慈善机构，尝试并开拓了一些全新的慈善领域，借助社会力量，开展社会公益救助活动。

杭州曾经设有育婴堂，本意是收养抚育孤儿，但因长期以来疏于管理，有名无实。工作人员明目张胆侵吞划拨给婴儿的救助款，雇用的乳母不用心抚育婴儿，整天打扮得花枝招展，闲杂人等来来往往，导致孤儿生存率低。

时任巡抚的阮元得知这一情况后，深恶痛绝，委派两浙盐政延丰和杭嘉湖道袁秉直联手整治，于嘉庆五年（1800）制定新规，立《育婴堂章程》三十六则。新章程规定得很详细，如：要求实施半封闭管理，在婴儿房所在的巷子口设置一道总门，平日无事都关闭，杜绝闲人进入，为育婴堂创造一个简单纯净的环境；选拔地方上口碑良好的民间人士担任主管，再聘请有文化有能力的夫人协助监管、约束育婴堂的乳母等，官吏不得插手育婴堂事务（阮元曾说，世上可能有好官，但绝不会有好胥吏。话虽然绝对了点，但或许也是反映了当时的社会现实）；同时，增加乳母人数，让婴儿有足够的食物来源；添置蚊帐、衣被、药材等必需品，改善生活条件和基础设施；设立专项基金，每年从盐业基金中拨款四千多两，增补育婴堂的费用，保证其正常运行的开销用度。

阮元的夫人孔璐华热心慈善事业，也重视育婴堂建设，捐款捐物，经常去看望孩子。在她的影响下，杭州上流女士和新贵也纷纷效仿，形成了一支素质良好的监管力量。

孔璐华，字经楼，号“经楼夫人”，是孔子的直系后裔。清嘉庆元年（1796），阮元在杭州迎娶了孔璐华，夫人幼承庭训，娴于诗礼，是阮元的精神伴侣和坚强后盾。阮元常年奔波于外，夫人主持家务，处理各种家庭关系，井井有条地管理着大家庭。她对阮父照顾有加，相处和谐，阮孔厚曾说：“先妣事先祖最孝，先祖爱视若女。”阮承信生日，孔璐华亲绘《岁朝图》祝寿，阮元题诗其上：“吴山春满大观台，森戟凝香燕寝开。柳絮白销三日雪，椒花红并一枝梅。吟成彩胜庚庚健，画得金幡乙乙回。共祝阳春真有脚，暖从堂上履边来。”夫唱妇随，父慈子孝，其乐融融。夫人还个人筹资赎回阮元出生地扬州白瓦巷旧宅，帮助阮家了结心愿。

孔氏夫人兼具家国情怀，她支持阮元的事业，常以诗作为阮元分忧或志喜。阮元的得力属下李长庚在抗击海盗中牺牲，孔璐华读了阮元的《壮烈伯李忠毅公传》后，和诗一首表达伤痛之情。得知歼灭蔡牵，夫人立即寄诗遥贺："七载瀛舟今始慰，报恩方不愧于心。"更难能可贵的是，贵为一品的她没有恃宠而骄，而是勤俭自律，关注民生，体恤普通劳动者。夫人曾从浙江取蚕种至扬州饲养，将江南蚕桑技术传播于扬州，在纪事诗中，她深切体会到蚕农的辛苦："静思吴越中，民妇实可怜。……采桑不辞劳，陌上破晓天。……贫女一月工，织成绮与纨。绮纨在尔身，忍令污且穿。"表达了对蚕农的悲悯之情。"克勤克俭戒奢华，香伴诗书笔伴茶"，夫人诗作丰富，她的诗稿常出现这类反映百姓疾苦的主题。偶尔夫妻唱和，给奔波各地的阮公以理解和慰勉。和睦融洽的家庭让阮元无后顾之忧，而一位品性高洁、顾全大局的夫人足以让阮元心无旁骛地夙兴夜寐、廉洁从政了。

阮元喜欢把制度公开，他派人把这些规定刻在石碑上，立于堂前，便于群众监督和规范落实。育婴堂的管理秩序至此得以整顿，婴儿的生存率大幅度提高。

纠正陋习

除了在杭州改革育婴堂弊端外，阮元还采取措施拯救了许多女婴的生命。当时金华一带有个骇人听闻、泯灭人性的陋习，民间重男轻女，穷苦人家生下女儿，担心养不起，常常会把孩子溺死。阮元听闻此事，也不禁扼腕叹息，民智尚待开启，而百姓生活的困苦又值得同情。

如何才能人性化地改变这一现状呢？阮元绞尽脑汁，想出了一个办法。他通过慈善基金会发放喜银对贫困户进行补助。贫困户生下女儿，只要到官府进行户籍注册，就给以喜银一两作为哺乳补助（一两白银相当于一千铜钱，对贫民来说是一笔不小的财富）。一个月后再按照户籍进行查验，如发现有与登记不符者，以父母故意杀害子孙罪论处。这样的恩威并施之下，老百姓不敢再溺毙女婴，而抚养月余，父母对孩子也产生了感情，自然就不舍得再残害亲生骨肉了。

重建普济堂

普济堂有普济天下苍生之意，是官设救济老弱病残的慈善机构，基本上各州县都有设立。其时杭州普济堂十分破败，纪律废弛，救济物资常被吏属侵吞，阮元决意进行整顿。嘉庆七年（1802），武林门恰有一高姓贡生捐出一处大宅院，阮元借此重建普济堂。他亲抓落实，组织募捐，挑选管理人员，制定规章。普济堂借巡抚之力运行，主要经费来自盐商富绅慷慨解囊，日常管理由地方乡绅主持，可以说是官民合力的善举。

阮元自立规章十二条，广施善举。如开办粥厂，布施药物；设立恤嫠会，救济没有经济来源的寡妇；设立收瘗局，收埋路边的无主枯骨；对无钱下葬的百姓，施舍棺木、棉衣；在钱塘江边设义渡，免费帮助低收入者渡江；夏秋暑热难耐、天干物燥之际，在交通要道边布施茶水，以解行人困乏饥渴；严冬腊月之时，又布施姜汤驱寒除湿等等。

阮元的老父亲曾亲自去施粥，回来后很高兴，对阮元说："吾见老稚贫民可以卒岁，即小人亦有聊赖矣。"阮元的仁爱之心，也许由家族的良好基因和从小的家庭教育延续而来，他的善举，也为后人所称道，陈康祺曾说道："凡有字人之责者，幸勿谓煦煦孑孑，薄而不为也。"

普济堂施惠于广大贫苦百姓，受其救助者不计其数，百姓感念万分。嘉庆十四年（1809），阮元离任，普济堂中设立了阮元的长生牌位，以供世人表达钦佩敬仰之情。

"须知天地长生育，总要人家善护持。"阮元关心百姓疾苦，力求营造

“熙熙然有家人妇子之乐”的理想安居环境，在民生上倾注了极大热情：赋税重了，酌情减之；收成不好，他上疏恳请缓收或减免粮田赋；粮价上涨，开仓放粮干预市场。慈善活动，阮元也总是带头捐款：浙东水灾，捐白银二万；浙东山洪暴发，又以父亲的名义捐款三千两；诸暨水灾，捐银三千；同年浙西水灾，捐银一万；嘉庆十四年（1809）捐款四千两用于德清贫民施粥；因余姚、上虞米贵，又捐银五百两给予赈济……诸如此类，不胜枚举，展现出他作为一名官员应有的人道情怀。他殚精竭虑，整饬吏治、慈善救助，力所能及施仁政改善民生、惠泽百姓，一定程度上促进了社会的稳定和发展。其惠政足可称道。

诂经精舍明义理

作为学者型官员，阮元把为官与治学很好地结合起来，每到一处，总是不遗余力推动当地的学术和文教事业。

图33　诂经精舍旧址（周兔英摄）

嘉庆五年（1800）五月，阮元首任浙江巡抚不久，借编写《经籍籑诂》的房屋，在孤山创办书院“诂经精舍”，选拔两浙优秀学子入读其中。杭州孤山是西湖唯一的天然岛屿，湖水环抱：北望是绵延的宝石山脉，保俶塔窈窕绰约；南眺则一湖清流尽入眼底，三潭印月、湖心亭等错落有致，如蓬莱仙境，也被称为“西湖眉目所在”，是观赏西湖景色最佳之地。正因如此，孤山文脉绵长，积淀丰厚，梅妻鹤子与帝王行宫，各领风骚。书院的地理位置得天独厚，环境优美清静，所谓“钟灵毓秀”，为人才的成长创造了有利条件。

所谓“诂”，指的是用当代的话解释古代的语言，“经”指儒家著作。“精舍”，古时指讲学的处所，宋以后泛指有著名学者主持且在学术上有较高水准的书院，如南宋时大学者朱熹的寒泉精舍、陆九渊的象山精舍等。阮元在《西湖诂经精舍记》中说道：“精舍者，汉学生徒所居之名；诂经者，不忘旧业，且勖新知也。”可知这是一所推崇汉学、以古汉语专业为主的学校。阮元冠以精舍之名，可以说寄寓了极高愿景，希望办成一所别具一格的高规格书院。

明清之际，盛行八股取士，书院大多以“应试”为目的培养学生，教育重心自然在如何教好及写好八股文上。八股文章有固定格式，观点必须与“朱圣”朱熹相同，不允许自由发挥，严重束缚了学子的思想和才华。即使当时杭州著名的敷文、崇文、紫阳三家书院也难免沦为科举附庸，普遍崇尚程朱理学。众多有识之士为此深感忧虑，寻求改革的呼声日起。

阮元平生是最讨厌八股文的，他曾说：“生平最怕八股，闻人苦读声谓之为唱文，心甚薄之，故不能以此教子弟。”他反对理学家奢谈心性命理的空疏之学，批判束缚思想的科举制度和八股时文，倡导实学，而创办新型学校则是实现这种改革的重要途径。

怀负着理想，阮元大力推进诂经精舍的建设。他力邀精通金石训诂的著名汉学家、藏书家王昶和孙星衍入精舍主讲。王昶字德甫，号兰泉，江苏青浦（今属上海）人，历任江西、陕西按察使，云南布政使。工诗善文，曾参修《大清一统志》、“续三通”等书，主修《西湖志》，著有《金石萃编》《琴画楼词钞》等。当时王昶已退居杭州，正在敷文书院讲学。孙星衍字伯渊，又字

图34　孙星衍像

渊如，江苏阳湖人，历任翰林院编修、刑部主事、刑部郎中、山东布政使等职。他著作等身，著有《尚书今古注疏》《续古文苑》《平津馆藏书记》等书。袁枚称他为“天下奇才”。孙星衍当时已应阮元之邀入主绍兴蕺山书院。

阮元亲自为精舍题写对联：“公羊传经，司马记史；白虎德论，雕龙文心。”此联悬挂在大门上，作为精舍的校训。“公羊传经”代表经学，“司马著史”代表史学，“白虎德论”代表对经书义理的探讨，“雕龙文心”则代表学者应具有的文学撰作能力。概括来讲，就是经史文理四者兼具。他引用四部经学典籍，形象而明确地表达了精舍倡导的学术态度和办学宗旨——推行“实学”，培养经史文理德并举人才。并接受孙星衍的提议，设“许郑祠堂”，以汉代经学大师郑玄和许慎为榜样，指示学生汉学的治学路径，开创了当时书院的先河。从宋明理学勃兴以来，理学代表人物朱熹的《四书章句集注》成为科举考试的教科书，当时书院一直都是以周程朱张陆王等理学家为精神偶像。诂经精舍率先打破了流行的偶像崇拜，营造了一种清新复古的文风。

那么，训诂为何如此重要？

阮元在开学第一讲中详细阐述了自己的观点。他说：“圣贤之道存于经，经非诂不明。”如果要追求古代圣贤的所谓道，就要先通训。道理很简单，不通训诂，古籍都看不明白，怎么能理解古代圣贤所说的蕴含在书中的道理呢？并举了两则事例加以说明：“汉之相如、子云，文雄百代者，亦由《凡将》《方言》贯通经诂，然则舍经而文，其文无质，舍诂求经，其经不实。为文者尚不可以昧经诂，况圣贤之道乎！”

据载，《凡将》为西汉司马相如所撰，属文字学之书，作为当时地方官学及私学的识字启蒙教材。《方言》是西汉扬雄撰写的一部重要的训诂学工具书，也是中国第一部汉语方言比较词汇集著作。在阮元看来，即便如司马相如、扬雄这样的文学大家，都非常注重明字义、通经文的基础写作。懂字义才能了解典籍的确切含义，读通典籍，写出来的文章才不流于华丽的辞藻，有实实在在的内容。可见，文章要写得好，必须先通训诂，而在具备经史之学的系统知识和小学考评能力的基础上习作诗文赋和策问等文体，照样能适应朝廷的科举考试。

图35　王昶像

阮元思想十分开明，虽然重训诂，却也不死守，他继续说道：“儒者之于经，但求其是而已矣，是之所在，从注可，违注亦可，不必定如孔贾义疏之例也。”就是说，关键在于辨明经文的真正意义，而不是一味去背诵古人的解释，他要求学生“得古人之益，而不为古人所愚”，即要辩证地看待古人的学术成果，取其精华，去其糟粕。这么通达而实事求是的态度让人不得不叹服阮元的学术态度非常现代。同时，阮元没有泥古不化，而是主张经世致用，他认为“圣贤之道，无非实践”，训诂只是手段，明义理才是目标，因此非常注重培养学生虚心、务实的学风。

阮元亲自主持精舍，以实现他的教育主张。

在专业课程设置上，“只课经解、史策、古今体诗，不用八比文、八韵诗”。除传统的经史训诂外，自然科学单列成科，包括天文、地理、算法等长期居于传统学术视野边缘的科技内容，甚至还有一些西学，内容广博，可谓文理兼修，已有了近代学校的影子。如当时西湖龙井茶已声名在外，成为御贡和贸易的重要产品，阮元因地制宜开设了“龙井茶”课，亲自教学。从《诂经精舍文集》可以看到，除了传统诗文外，还收录了天文历法、数学、地理、农业等各种科技类文章，达总数的三分之一。这在中国古代教育史上是罕见的，在当时大多数书院热衷于八股时艺、应对科举的环境下尤为难得。

教学模式则不拘一格。精舍“日聚徒讲议”，“每月按期课士”，最初实行的是月课制（同治后每月分朔望两课），三位主讲轮流命题品评，主张自由探讨和因材施教。“许各搜讨书传条对，不用扃试糊名法。”讲师常会就某个教学内容先作一篇范文，学生研读后，可就同一题目撰文作补充，或换一个角度阐发不同见解。精舍倡导在学术研究中不畏权威、实事求是，允许学生的观点与讲师不同，只要条理清晰，言之有据，一样可以被接纳。

为此，阮元还特别在精舍西侧辟一处楼院，作为师生聚会结社、研习讲艺之处。此处楼宇修廊短篱，凭栏而立，可见远山黛墨、塔影婆娑，湖山秀色一览在目。师生在此畅谈学术主张，更觉赏心悦目、酣畅淋漓。阮元时而参与其中，讲到痛快处往往忘记彼此身份，可见学术氛围之自由、师生地位之平等。这种教学方式一方面可以引导学生在某些科技领域进行深入研究，另一方面可以培养学生学术上的独立精神，这对在科学研究中取得创新性成果至关重要，这一点在当今高等教育中仍有借鉴意义。阮元诗称：

高楼何处卧元龙，独倚孤山百尺松。

人与峰峦争气象，窗收湖海入心胸。

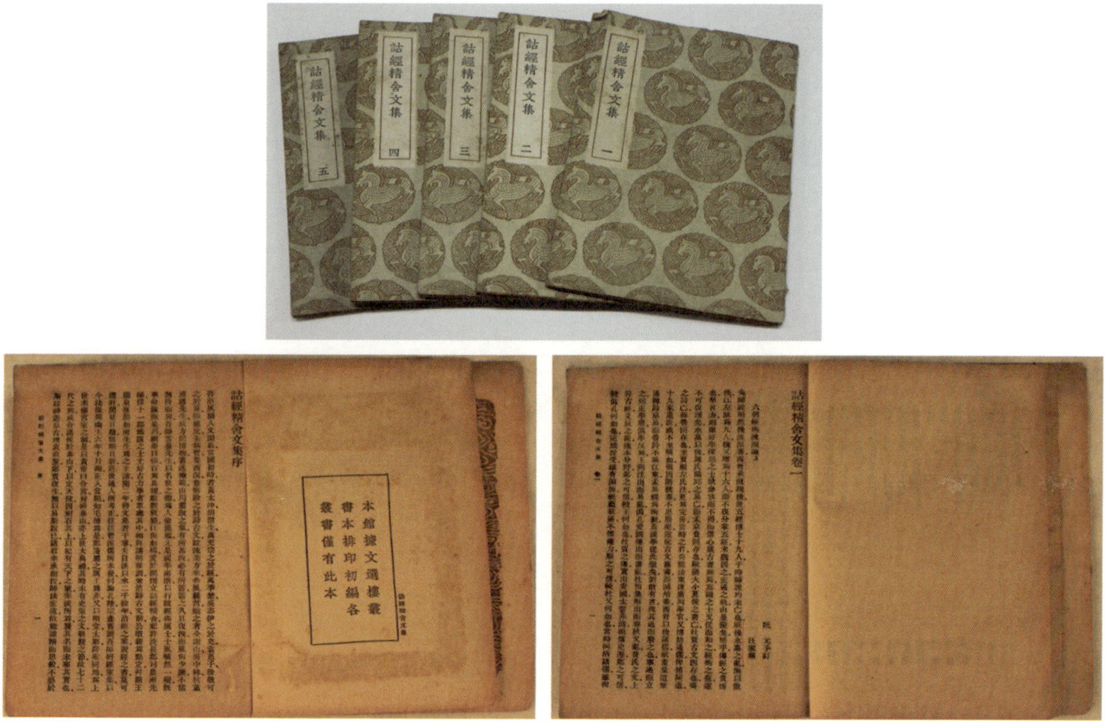

图36 《诂经精舍文集》(杭州西湖博物馆总馆藏)

经神谁擅无双誉，阑影当凭第一重。

却笑扶风空好士，登梯始见郑司农。

此楼后被誉为“西湖第一楼”，成为杭州著名的雅集之地，接待了众多的文人墨客，也留下了丰富的文学作品，士子评价：“湖光十里当窗展，山色千层到槛浓。才士无双楼第一，丹梯蹑处即仙踪。”

阮元的兼修理念还体现在精舍的招生制度上，录取学生不唯经儒，而是非常注重一技之长。要进精舍读书不是件轻而易举的事，诂经精舍招收的学生需经选拔，多为浙江各地的优秀人才，最初只有三十多个名额。后各地士子不计远道，纷纷负笈来游，并且还有由其他书院如紫阳、崇文等拔萃选肄者。钱泳《履园丛话》中讲到“选诸生中经学修明、通于一艺者，习业其中”。阮元在台州巡视学务时，发现了精于天文和数学的洪颐煊、周治平两大奇才。连生员都没考上的周治平，因数学单科成绩优异，被阮元破格录取。洪颐煊、洪震煊是两兄弟，从小就爱读书、好藏书，因为才学过人，得到阮元的赏识，亲自为他们的藏书楼题写“鄂不馆”匾，一并召至精舍学习。洪颐煊参与了《经籍籑诂》编纂，负责分纂《释名》《小尔雅》，并参加编韵。臧镛堂称洪颐煊兄弟之学为“大洪渊博，小洪精锐”。孙星衍曾为西湖第一楼撰联——“专家绝学通中法，二俊才名过古人”，即称赞洪氏兄弟。后洪颐煊致力于藏书事业，成为著名藏书家，在临海旧居建造了浙江著名的藏书楼“小停云山馆”。

精舍还采取助学金制度，除杭州本地学员外，最初一例住院，家庭困难的学生可以申请享受“膏火”（相当于助学金）。后来要来的学生太多，也开始招收一些旁听生，就取消了助学补贴。

学院师资力量也是相当雄厚，除了阮元亲任掌教、王昶和孙星衍主讲外，还聘请了陈寿祺兼教精舍生徒，先后有著名学者陈鸿寿、陈文述、朱为弼、张鉴等92人为讲士，皆为一时鸿硕。当时极负盛名的段玉成、臧庸、顾千里等人曾被特邀讲课。执教的师长皆术业有专攻，可谓汇聚了当时学界的中流砥柱。

诂经精舍开办之初就呈现出一派蓬勃气象，堪称当时书院教学的一股清流。众多学术精英荟萃一堂，顶尖的老师和优秀的学生互相碰撞，学术成果斐然。嘉庆六年（1801），阮元将师生的佳作删繁就简，“亲为点定”，汇编选刻成《诂经精舍文集》，共收入文章三百三十二篇，内容涉及经、史、子、集和天文、地理、算术等，数量最多的为考证之作，学术价值颇高。阮元之后的精舍主持者延续了这一传统，陆续编订刊行续集。从阮元至俞樾，共出版文集八集，收文两千余篇，很好地推动了当时的学术交流和科学文化的传播。

精舍注重教学、研究与实践的紧密结合，学术氛围浓厚，学术成果丰硕。除《诂经精舍文集》外，精舍学员参与编辑、校勘了多部重要著作如《两浙盐法志》《两浙辅轩录》等，精舍兼具学术和教育机构性质，“俨然如大学堂制度”，后人认为是当时的浙江省立大学。

阮元有诗云：“出山入精舍，拂衣花满榻。延宾有陈蕃，下车愧卫飒。煮茶说群经，郑志互问答。”这是一所实事求是的教育机构，也是一座自由开放的学术基地。师生之间互相尊重，教学相长，不到十年时间，已培养出不

图37　俞楼旧影（杭州西湖博物馆总馆藏）

少有才之士入翰林，登科成功的更是不可胜数。李元度在《阮文达公事略》中称赞道:“不十年，上舍士致身通显及撰述成一家言，不可殚述。东南人才，称极盛焉。”

阮元离开浙江后，诂经精舍几经兴废，断续开办。清光绪十二年(1886)十月，西湖第一楼遭火灾焚毁，次年改建许郑祠，并于旧址增建式古堂作为讲习所。光绪二十三年(1897)七月，巡抚廖寿丰奏将杭州的诂经、敷文、崇文、紫阳、学海、东城等六书院合并，改为专课中西实学之“求是书院”(浙江大学前身)，由杭州知府林启总办，旧址在蒲场巷普慈寺(今杭州市上城区大学路)。诂经精舍原址则勉强维持，由黄体芳、谭献、汪鸣銮等相继主讲，一直延至光绪三十年(1904)，于浙江最后一科乡试后正式停办。诂经精舍旧址成为国立杭州艺术专科学校(今中国美术学院前身)的一部分，后者迁往南山路之后，又成浙江博物馆的馆址。1992年浙江博物馆重建，诂经精舍校舍终无存。

值得一提的是，清同治七年(1868)，时任浙江巡抚的马新贻亲赴苏州，敦请俞樾先生出任杭州诂经精舍山长并兼管浙江书局。俞樾号曲园，浙江德清人，清道光年间进士，官至翰林院编修，河南学政，后遭陷害罢官，潜心讲学，著有《俞氏丛书》《春在堂全集》，为一代朴学大师。他兼擅书画，其书尤以篆、隶知名。清同治年间曾主讲于苏州紫阳书院，影响很大，不仅引起国内学界重视，而且远播东瀛。俞樾来杭州就职时，就居住在精舍“第一楼”。他主讲精舍三十一年，秉持阮元的办学理念，除指导经史研究外，也重视学生的科考时文，把精舍的教学推向了另一个高峰。就在他执掌精舍的第三年，同治九年(1870)的秋闱，便有十九名精舍肄业生乡试中举，又有多人以优贡而直接进入国子监，科名之盛，轰动江南，连敷文、紫阳、崇文的学生都纷纷转投俞樾门下。

如今，我们在孤山还可以看到古朴典雅的俞楼，左邻“六一”名泉，右伴慕才亭，这也是现存唯一一处与诂经精舍有关联的建筑。那是清光绪三年（1877），精舍学生和朋友不顾俞先生的竭力反对出资筹建的。当时，俞夫

图38　俞曲园纪念馆（周免英 摄）

人仍在苏州，俞樾常年奔波于苏杭之间，非常辛苦。学生们为表钦敬，发起“别建俞楼，为湖上添一胜迹”的号召。清光绪四年（1878）二月，曲园先生偕夫人搬进俞楼。院内亭台楼阁、花木繁茂，假山叠石、玲珑剔透。据说当年俞楼落成后，成为杭城一大新闻，前往观看的人士络绎不绝，出现了“行到白沙堤尽处，居然人尽识俞楼”的盛况。俞樾曾作诗以表谢意：“桥边香冢邻苏小，山上吟庵伴老坡。多谢门墙诸弟子，为余辛苦辟新窝。”清光绪二十四年（1898），年近八十的俞曲园离开诂经精舍时，以饱含沧桑的语调写下了《诂经精舍歌》：

回首前尘总惘然，重重春梦化为烟。
难将一掬忧时泪，重洒先师许郑前。
年来已悟浮生寄，扫尽巢痕何足计。
海山兜率尚茫茫，莫问西湖旧游地。

根据有关史料记载，1998年5月，这座房龄达119年之久的名宅，按旧时风貌重新修建。现俞楼为仿古砖石结构，重檐歇山顶，两层三开间建筑，灰墙、黛瓦、褐柱。楼后又建联廊，与重修的西爽亭、伴坡亭相连，再现俞楼昔日清丽、幽雅的书卷气。

诂经精舍存续的一百余年间，培养了大批学术人才。早期有姚文田、严元照、陈文述、周中孚、施国祁等，晚期有章炳麟、黄以周、朱一新、崔适、戴望、陈汉章等，他们都是清代学术史上的卓然名家。近现代杭州人文荟萃、英才辈出，文教学术水平在全国处于领先地位，诂经精舍无疑起了重要的作用。

诂经精舍不仅培养出优秀的人才，最重要的是它开启了清代书院培养真才实学之士、讲求经世致用之学的风气，它所提倡的实事求是的教育理念对后世书院影响深远，进而成为清代书院发展史上的转折点和里程碑。阮元赴广东任后，仿诂经精舍之例兴办学海堂。全国各地也多有仿效，如上海的龙门书院、武昌的经心书院、成都的尊经书院等。诂经精舍培养的大批学术精英毕业后，许多授业于别的书院，他们把母校的教学方法推而广之，对塑造浙江乃至全国的良好学风起到了积极的助推作用。

西湖月满浙潮来

嘉庆六年（1801）八月，又是三年一次的乡试大比，巡抚阮元按例到杭州贡院视察监考。贡院是古代乡试作为考场、开科取士的地方，乡试考中后成为“举人”，就有了仕进的资格。在中国古代，科举考试是实现报国和自身显达双重价值的最主要途径，因此，每科都有众多士子赶赴考场，奔赴这一决定他们人生轨迹的盛宴。

乡试共三场，每场三天。考生需自带干粮提前一天入住单独的号舍，直至考试结束。杭州贡院在当时是杭城数一数二的大建筑群，单号舍就有一万二千多间。乡试期间，考生云集，少则近万，多则达一万二千余人，场面很是壮观。

图39　贡院旧照（浙江省杭州高级中学提供）

八月的杭州，暑气未退，其间又遇阴雨，天气异常闷热潮湿。贡院里的道路，由于排水不畅，已是泥泞不堪，号舍也成了泥浆场。阮元就这样一手举着伞，一手提着卷起的裤脚，踩在坑坑洼洼的泥地里，鞋子早已沾满了泥浆，额头止不住地冒汗。经过科举考试历练的阮元对考生的艰苦处境感同身受，号舍本就局促，更何况是如此恶劣的条件，自然会大大影响心绪和发挥。“士子坐卧，甚以为苦”，想着那些在溅着泥水的逼仄空间里满头大汗、挥笔疾书的考生们，阮元止不住皱眉，但身在考场，只好暂时按下了心中的不快。

由于乡试三年一次，贡院除了考试季，大部分时间处于闲置状态。为了保证试场的正常使用，每有举办乡试之年，贡院都会在四、五月份提前全面整修清理。在浙江，惯例是由钱塘县令或仁和县令具体承担这项工作。此次考场泥水漫延，引发考生怨声载道。试毕，两位县令急匆匆赶到抚院，态度诚恳地承认了工作的失误。

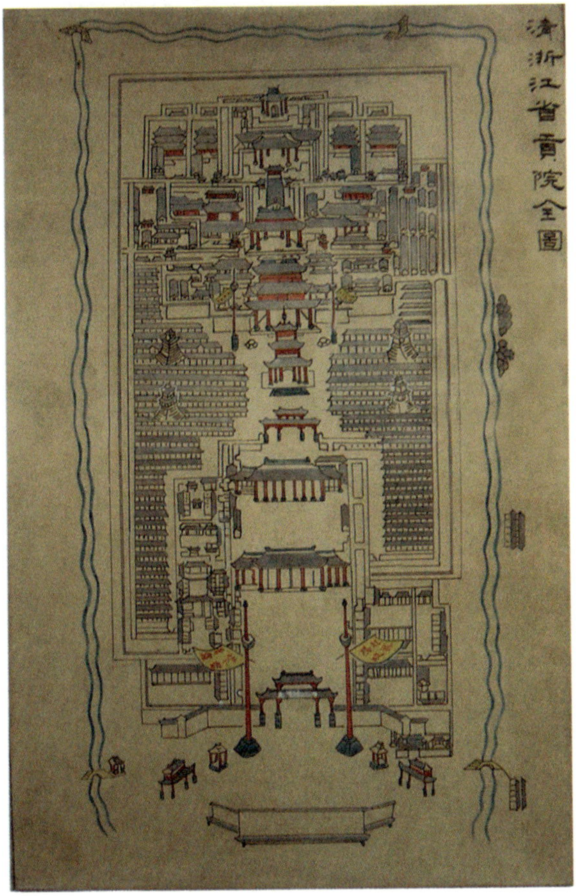

图40　清浙江省贡院全图（浙江省杭州高级中学提供）

阮元倒也没有过多责难，但贡院的整修迫在眉睫。考虑到两县当年的财政已列支了贡院的维修经费，不宜重复支出，阮元主张通过募集筹得后续的修缮资金。这次阮元还是带头捐出五千多两俸银，两县官员自然不敢落后，慷慨解囊，加上杭州盐商捐款竟筹集资金达十万余。阮元挑选了刚直的候补运副李春旸负责修缮工程的监管，经过半年多的努力，贡院内一万多间号舍、一百九十多条通道，全部铺就石板，沟渠水道全面疏通，彻底解决了雨天积水的问题，应试环境有了极大改善。李春旸认真负责，此次维修花费仅四千余两，多余款项存入钱庄。阮元立下岁修规矩，保养维修从利息中支出。

有了这次浙江的经验，在后来的任上，阮元每到一处，都会第一时间关注当地贡院的基础设施。在广东，见贡院“宇舍太小，烈日冻雨，殊难耐之”，很不满意，参照杭州的做法，倡议捐款扩建。阮元对贡院的重视，无疑是对士子及文化界的激励与鞭策，也是对尊重文教的良好社会风气的提倡和引导。

图41　贡院内御碑（浙江省杭州高级中学提供）

三年后的嘉庆九年（1804），阮元再次担任浙江乡试监考官。看着整修一新的洁净石板路面，心中大快，赋诗一首：“此来监试六囊开，坐对湖天秋色老。砖舍昔所有，石道昔所无。自今一任蚁封鱼入户，不用沾体涂足如耕夫。”

经过连续几年的剿匪大行动，如今沿海暂时平静，阮元也难得轻松，所以有“六囊开”一说。

这年的试帖诗以苏轼的“试院煎茶”命题，阮元心情愉快地与主试、监试唱和赋诗。其中，《试院煎茶用苏公诗韵》写道：

我闻玉川七碗两腋清风生，又闻昌黎石鼎蚓窍苍蝇鸣。未若风檐索句万人渴，湖水煮茶千石轻。封院铜鱼一十二，闲学古人品茶意。古人之茶碾饼煎，今茶点叶但煮泉。坡公蒙顶一团自夸蜀，不闻龙井一旗绿如玉。得茶解渴胜解饥，我与诗士同扬眉。开帘放试大快意，况有笔床茶灶常相随。今年门生主试半天下，岂似坡公懊恼熙宁新法时。

从诗中可以看出，考生的另一福利是可以喝上清冽的西湖水。这年的上半年，阮元组织了大规模的水利浚治，重新疏通了杭城的三条重要水系，从西湖引水到城内，可以就近运送西湖水专供考生饮用。另外，阮元识才育才有道，许多门生被国家重用，此次乡试，有七省的主考官都是他的门生，如江南涂以轮、河南鲍挂星、湖北王引之、四川程国仁、贵州张师泌、广东陈寿祺、广西桑养等，非常值得庆贺。所以，同为试院煎茶，阮、苏两人的处境、心境截然不同，阮元一扫“苏轼的郁闷”，很有扬眉吐气的快意。

图42　贡院内水井（浙江省杭州高级中学提供）

杭州贡院是浙江举行乡试的唯一考场（《明清进士录》收录7700多名进士，其中浙籍1233名，约占16%。以此推算，全国每六名进士中就约有一名是浙江人，浙江的确自古以来就是名副其实的文教大省)，从这里走出了明代著名的思想家王阳明、明末抗清英雄张苍水、清末秀才杨乃武、现代教育之父蔡元培等知名人物。光绪三十四年(1908)改贡院为浙江两级师范学堂(1913年改名浙江省立第一师范)，现为杭州高级中学。杭高校园内还保留有贡院古井遗迹、残存的乾隆皇帝御笔诗碑及历代重修贡院碑刻等。其中有阮元当年的一副题联，现重刻悬挂在碑廊上：

下笔千言，正桂子香时，槐花黄后；
出门一笑，看西湖月满，东浙潮来。

历来贡院会有题联习惯，或勉励或祝福，给考生们加油打气。这些楹联也成为贡院一景，如乾隆皇帝御题联：

立政待英才，慎乃攸司，知人则哲；
兴贤共天位，勖哉多士，观国之光。

皇帝高屋建瓴、引经据典，既要求考官谨慎选择，知人善任，又对考生寄寓了殷切期望。

阮元此联一出即“为时传诵”，成为经典。槐树在夏末开花，正是考生寒窗苦读之时，所以有“槐花黄，举子忙”一说，而到八月中旬乡试之时，已是月满枝头，桂香正浓。寒窗三载，满腹经纶，终于可以落笔成章，述志抒怀了。上联以“桂子香时，槐花黄后”点出了考试的时令、考场的环境和莘莘学子奋笔疾书的场景。下联描写了杭州的景致和考生们完成考试的心境，

图43　现杭州高级中学碑亭内阮元撰对联(浙江省杭州高级中学提供)

秋高气爽、月上柳梢，正是杭州最美时节，熬过这几天，大家就可以放下包袱，轻松一笑，看那水月交辉、一湖澄明，看那大潮翻滚、钱塘奇观了。“八月十八潮，壮观天下无。”除了点出时令外，联中的“桂”“槐”又隐喻高中，“蟾宫折桂”谓科举及第、入槐厅意味登科出仕；“月满”意味人生圆满；“潮来”象征汹涌澎湃奋发有为。写景抒情，给人以美的享受，也寄寓了前辈对后起之秀的热情鼓励和殷切期望，读来赏心悦目，回味无穷。

当年苏东坡任杭州通判时，同情那些着急等候成绩的考生，也曾写了《催试官考较戏作》:“鲲鹏水击三千里，组练长驱十万夫。红旗青盖互明灭，黑沙白浪相吞屠。人生会合古难必，此景此行那两得。愿君闻此添蜡烛，门外白袍如立鹄。”以幽默的口吻催促阅卷的官员挑灯夜战批出考卷，好让考生们轻松愉快地去欣赏八月十八的钱塘江涌潮。

庄严肃穆的考场，给原本紧张的考生更平添了一份焦虑，重压之下事故不断，有打翻水，湿了辛苦撰写的稿子，也有因身体不支直接晕倒的。阮元题联与东坡诗有异曲同工之效，此联悬挂在贡院大门上，考生们每每经过，会心一笑，心情也随之放松了。金庸先生也说："这联我是在小时候记得的，以后每次学校大考或升学考试，紧张一番而交卷出场时，心头轻松之余总会想到它。"

杭州贡院联对中还有一副是嘉庆皇帝的老师朱珪所题，读来也挺有意思：

铁面无私，凡涉科场，亲戚年家须谅我；
镜心普照，但凭文字，平奇浓淡不冤渠。

开宗明义地表明了监考官的态度：上联告诫亲戚朋友，考官铁面无私，涉及科场之事，一律免谈，还请谅解；下联慰藉考生，考官心如明镜，论才取人。凡涉及应考的事，谁也不能为此找我套近乎、拉关系，务请大家理解和谅解，而我对待所有考生都一视同仁，那就是"但凭文字"，只要有真才实学，绝对不会让你吃亏。以免亲友徇私。联语立意明确，用语委婉，如同一篇宣传考纪，莫通关节的公告，表明选拔人才的原则。

朱珪一生"无伪无私"，嘉庆帝称其"半生惟独宿，一生不言钱"。未承想，就在朱珪去世两年后，他的女婿刘凤诰、得意门生阮元都在杭州贡院栽了跟头。嘉庆十四年（1809），二任浙江巡抚的阮元正处在歼灭海盗蔡牵的最后阶段，无法离开沿海的指挥岗位，就委托时任浙江学政的刘凤诰担任乡试监临，这事也奏请了嘉庆帝的允准。后刘凤诰被弹劾在这次监考中，到考场号房为考生讲题，还为生员印用联号。后经查证，刘凤诰虽未接受财物，但受人之托，对考生"徇情"一事属实。刑部原拟发配伊犁，但嘉庆帝认为敢在科场讲人情、用联号，不能容忍，发配伊犁的处罚还是太轻，命刑部复议，最后改发配黑龙江戍边效力。阮元也因此受牵连，以徇私包庇被革职，嘉庆帝谕旨："明系袒庇同年，阮元止知友谊，罔顾君恩，轻重倒置，不可不严行惩处，即著照部议革职。"阮元从此离开了杭州。

说到底，阮元对贡院的重视，是他一向礼贤下士、爱惜良才的表现。阮元学富五车，识见远博，自己虽经科举进入仕途，但对八股取士却有清醒的认识。他在《写榜作》中写道：

列炬摇红唱夜阑，屏风老吏侍闱官。
忽闻佳士心先喜，得上名经写亦难。
撑拄五千古文字，销磨八百旧孤寒。
榜花已说孙山好，还向孙山以外看。

字里行间隐含着对八股取士的不满和对士子的同情，科举不易，他尽可能改良取士方式，竭尽所能奖掖后进、提拔好学。督学浙江时，典试优行生员，阮元曾提出一个关于科考与学问之间的关系的问题："以四

图44　清代浙江乡试中举捷报
（浙江省杭州高级中学提供）

书义取士，垂数百年，明初剿袭成书，为《五经大全》，锢蔽士人耳目，至我朝以经术教士，当若何提倡以矫空疏杂滥之弊欤？”为求举拔真才实学者，阮元对浙江院试的科考内容进行了改革，不再考死记硬背“四书”的呆板知识，而是“借题发挥”，考察学子对经术教士、治学以及取士等问题的理解，以考察他们的应变能力。

嘉庆四年（1799），时署理浙江巡抚事务的阮元任会试副主考。在考试之前，他把自己对科举改革的理解，详细汇报给了刚刚真正掌权的皇帝。阮元在奏折中说：“校数千人之文艺，必当求士之正者，以收国家得人之效。欲求正士，唯以正求之而已。”提出了“先器识而后文艺”的人才选拔原则，强调“求士者，唯在乎求有学之文”，主张录取具备经世济民真才实学的人。在这篇奏疏中，阮元未曾提及如何完善八股程式，却委婉地提出了改革科举内容的建议。嘉庆帝默许了阮元的意见。阮元和朱珪，在会试中连出策问数十题，内容皆和实学相关。如察吏安民之法、军政弭盗之方，这些问题都需通过考证引古论今，表述意见，才能让文章站得住脚。这次会试，共录取王引之、张惠言、郝懿行、陈寿祺等209人。一时名流，网罗无遗，对树立新学风产生重要影响。

后任浙江乡试监考的阮元，曾与主考商定，除正榜、副榜外，再备一些考卷以供拔贡之用，副榜和副贡的名单不重复，这样既不违反科举录用规则，也可以让更多士子有被选中的机会。他还向嘉庆帝上折《驻防生员就近准其乡试折》，希望能给更多的驻防生员就近参加乡试的机会。虽然此折被嘉庆帝以“于体制未协”“恐驻防八旗，竞思以文艺进身，转置骑射于不问，必致抛荒本业，流为文弱，渐失旧风”等原因驳回，但可以从中窥见阮元重视教育、求贤若渴之心。

阮元还为浙江畲民争取了参加科考的权利。畲民自清初开始从广东移入浙江处州（今丽水），但因“畲民异类说”一直被排斥在科举考试之外。嘉庆八年（1803）六月，阮元会同学政文宁就“准予畲民考试案”上奏清廷，驳斥异类邪说，认为：“国家休养生息，人文蔚起，而处州十县皆有畲民，未便因其妇女服饰稍异概阻其向上之心，应咨请明立章程，以免无识愚民借词攻讦，准其平民一体招考应试。”畲民终准予与汉人一同参加科举考试，融入主流汉文化。

阮元改革科举录士，开办诂经精舍，极大地推动了江浙一带的人才培养。不十年间，学生中入翰林、建节试士、牧民善政、撰述成家者，不可胜数，东南人才之胜，莫与为比。

典型留与后人看

阮元博古通今，注重考据和教育，对古迹的保护也倾尽热情。虽然当时还没有“文物保护”一说，但他在保护祠宇建筑、名人古迹的过程中，客观上促进了地方文物保护工作。

编刻《两浙防护录》

名臣先贤忠烈祠墓作为具有教化意义的人文纪念和精神象征，受到历代统治者的重视，清代纳入《清会典事例》，清雍正七年（1729）下旨，要求各省加强稽查，防护修葺，于每年年底造册上报。阮元任浙江巡抚时，对这项工作极为重视，在各地巡视时留心寻访当地古迹。经过与实地的对比，发现原有的防护册疏漏错误很多。浙江全省共七十八州县，记录在册的只有三十三个，还不到

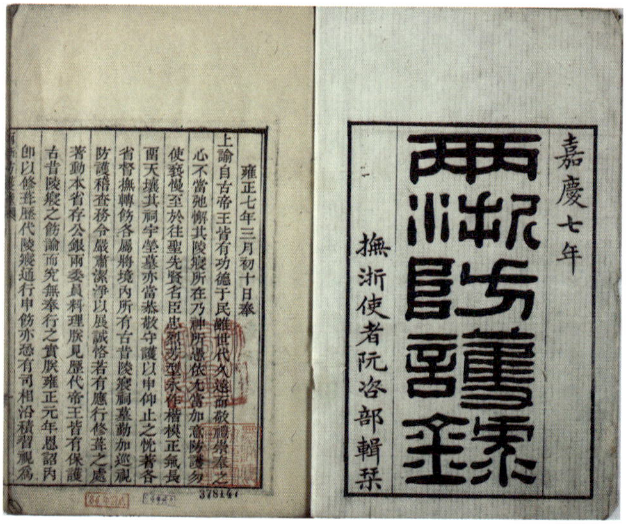

图45 《两浙防护录》书影

一半，即便是那些有记录的州县，内容也极不完备，比如仁和县（属于杭州府），处于地方政治核心区块，载入册的名人祠墓却只有四处，与现状严重不符。

众多散落民间的古迹没有录入官册，必会疏于管理，不加修饬，长此以往，恐怕就会逐渐湮灭了。为此，从嘉庆五年（1800）开始，巡抚阮元在浙江开展了一次广泛的文物普查工作，要求各地对辖区古迹进行全面调查，查漏补缺，按照发放的稽查文件填写申报。已登记在册的，核对是否有误，予以订正；未登记的，重新增补，确保无滥无遗；如有损坏，进行修缮。阮元把征补的古迹呈报礼、工二部，经两部批准通过后，以官方文件颁发。这样，古迹保护就有据可依。

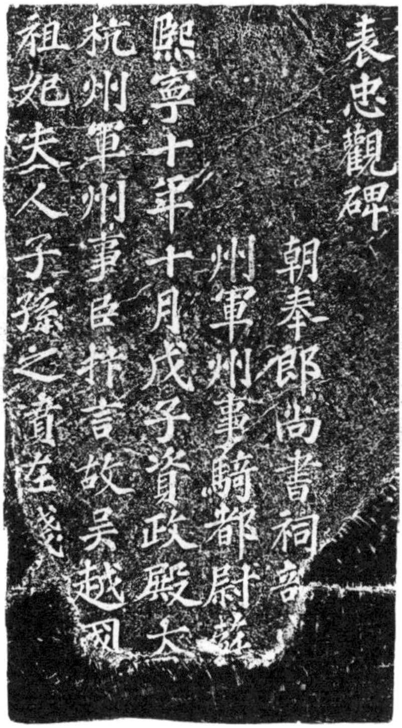
图46　宋刻《表忠观碑》拓片

嘉庆七年（1802），阮元把这次名人祠墓的普查成果汇编成《两浙防护录》刊刻出版，发给下属的各司、府、州、县及各府、州、县学，共计一百八十六部；并制定一整套管理制度以文件形式下发，要求各级下属部门对于防护册内的陵寝祠墓，勤加防护修葺，胥吏不得从中作奸，滋扰百姓。如有违反，一旦查实，将从严惩处，绝不姑息。

《两浙防护录》内容分两部分，第一部分包括历次呈文和二部批文，第二部分为浙江全省各古迹防护目录。共计八册，未分卷。按照杭、宁、嘉、

图47　钱祠表忠（周兔英　摄）

湖、绍、台、金、衢、严、温、处十一府序次辑录各州县陵寝祠墓七百二十余处，所载人物最早到周代如钱塘县的曾子祠，下至清代。西湖周边列入保护的名人古迹就有葛洪祠、褚遂良祠、李泌祠、白居易祠、钱王祠、范仲淹祠、黄庭坚祠、林逋祠、苏轼祠、秦观祠、岳飞祠、于谦祠（墓）及清吴涵墓等等，这些传统纪念空间的留存大大丰富了西湖文化景观内涵。

乾隆六十年（1795），适逢表忠观（钱王祠）修葺完毕，阮元入观展拜，受邀以文纪此盛事，作《重修表忠观记》，刻碑立于观内。并命十一府士子赋诗纪事，共得诗千余首，一时成为艺林佳话。

《两浙防护录》的编制和相关文件的发布，从客观上，规范了当时浙江的文物保护工作，使得浙江的名人遗迹“庶无废坠之虞”。

重修孔庙

阮元对于儒学标志之地的孔庙极为重视。杭州孔庙是古代杭州府学的所在地，肩负着教育功能，历史上曾几易其址，南宋时规模最大，元明清屡有兴废。嘉庆七年(1802)三月，阮元主持孔庙大修，至八月修成，对大成殿、戟门、棂星门、尊经阁、露台、文昌阁、明伦堂、碑廊、斋舍等诸多建筑进行了修缮，并修复了内部供奉的贤儒和乡贤名宦祠位。其间还与幕友根据《礼图》考定规格，命人铸造镈钟，琢石磬，制礼乐之器。庙成之日，按照古法，遵循旧制，进行礼乐表演，并刻碑记事。

杭州孔庙藏有“天一阁石鼓文”拓本，也与阮元有关。早在嘉庆二年(1797)，阮元出试宁波时造访天一阁，细审天一阁藏北宋石鼓文拓本，以此为底本并参照明初诸拓本，推究字体，摹拟书意，命人摹刻，置于杭州府学明伦堂(杭州孔庙内)，让府学之中对史籀古文感兴趣者有所师法。相较于后来翻刻的扬州本，阮元对杭州府学的刻本更为满意，认为“杭州本为最精”。石鼓文是我国现存最早的刻石文字，康有为推为“书家第一法则”。天一阁北宋石鼓文拓本惜毁于晚清大火，阮元的翻刻为清代碑学家的学习和探索提供了重要的参考，对石

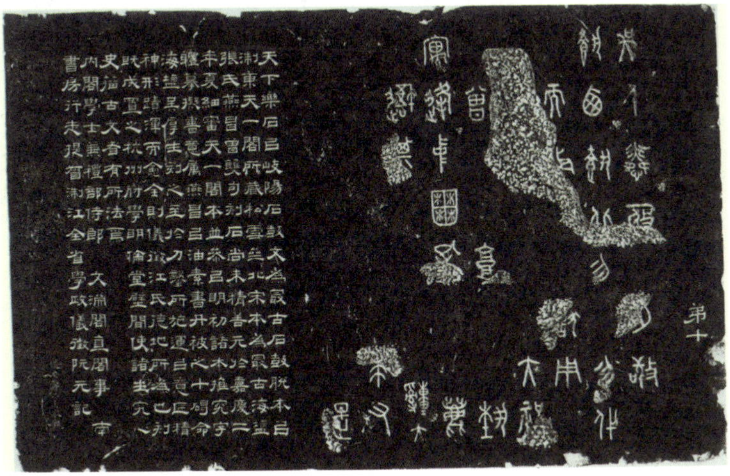

图48 置于杭州孔庙的天一阁石鼓文摹本

鼓文的保护、传播起到了重要作用。其后杨守敬望堂金石刻本、盛昱京刻天一阁本等均依据阮刻本翻刻。严杰在《重抚天一阁北宋石鼓文考》中说，阮刻石鼓文的意义是“人人复见善本，足以嘉惠来学矣”。

修复英烈庙墓

西湖栖霞岭南麓，岳飞庙墓倚山面湖，肃穆宏伟。阮元的祖上颇多英烈，武功卓著，作为将门之后，他对于埋骨杭州的南宋抗金民族英雄岳飞尤为敬重。据《忠烈庙志》载，他重加修缮西湖边的岳王庙墓，建“精忠柏亭”，置古柏化石八段。相传，南宋大理寺监狱内风波亭畔有一棵古柏，在岳飞蒙冤遇难之日，突然木化为石，坚如铁石。人们认为这是岳飞“尽忠报国”精神和坚贞不屈民族气节的象征，故称之为“精忠柏”。现经鉴定，此

图49　岳坟前秦桧夫妇跪像（杭州西湖博物馆总馆藏）

枯柏并非南宋古柏，而是属于松柏科的植物化石，其历史有一亿二千万年以上了。岳飞墓前一直有秦桧夫妇跪像，但常被游人挞击毁坏。当时海防缴获了安南海盗的许多兵器，被认为是“不祥之金”。嘉庆六年（1801），阮元将这些兵器熔铸成秦桧夫妇等四个奸人跪像，放在岳飞墓前，是以罪铁铸为罪

图50　岳庙旧影（杭州西湖博物馆总馆藏）

人，彰显正义，并以《毁海寇兵铸岳墓铁佞人》为题命学生赋诗述怀，还翻南宋刘松年《中兴四将图》案，与学生探讨这段历史，辨是非、定忠奸，彰善瘅恶。秦桧夫妇跪像的脖子上还挂着一副对联。秦桧的脖子上挂的是："咳！仆本丧心，有贤妻何至若此。"王氏是："啐，我虽长舌，非老贼不到今朝。"据传，这副对联正是出自擅写楹联的阮元之手。嬉笑怒骂间，足见其爱憎。

崇文书院主讲冯培撰写了《岳庙志略》十卷，向阮元请教商榷，阮元给予了很多帮助，推荐参考书目，为书作序，还倡导捐款集资，促进了这本书的刻成。阮元在序中对宋章颖《南渡十将传》和《宋史·岳飞传》相关记事进行了比较，称："修史之事，昔贤所难。岳王忠节，已昭如星日，而史犹或失之。"对《岳庙志略》给予很高评价，认为："不矜奇，不争博，其得力于史例者甚深。”

岳王庙是阮元及其门生经常前往瞻拜的地方，嘉庆十三年（1808）冬，阮元和弟弟阮亨等拜谒岳庙，面对圣贤，有感而发，提笔写下《拜岳鄂王庙》诗：“不战即当死，君亡臣敢存。犹怜驴背者，未逐马蹄魂。独洗两宫辱，莫言三字冤。投戈相殉耳，余事总休论。”借古感怀，既有对岳将军含冤的扼腕和悲愤，也表达了自己忠君报国的一腔热血。

忠臣烈士都具有挽狂澜于既倒的壮志豪情，阮元对此特别景仰。阮元崇尚忠义，注意利用杭州众多的人文古迹进行忠诚爱国教育活动。他倡导保护修复忠烈墓祠，写了不少咏赞忠烈的诗作，抒发对他们的崇敬之情。文天祥心忧社稷，在民族存亡危急关头，义无反顾、以死殉国，“留取丹心照汗青”。阮元带着弟子一同拜谒文天祥祠宇，并写下《温州江中孤屿谒文丞相祠》，缅怀文天祥的浩然正气：

独向江心挽倒流，忠臣投死入东瓯。
侧身天地成孤注，满目河山寄一舟。
朱鸟西台人尽哭，红羊南海劫初收。
可怜此屿无多土，曾抵杭州与汴州。

明末著名文学家、抗清英雄张苍水面对清廷高官厚禄的利诱，宁死不降，在杭州英勇就义。临行前慷慨写下《甲辰八月辞故里》：“国亡家破欲何之？西子湖头有我师。日月双悬于氏墓，乾坤半壁岳家祠。惭将赤手分三席，敢为丹心借一枝。他日素车东浙路，怒涛岂必属鸱夷！”慷慨悲壮之气震撼人心。阮元前往西湖南屏山张苍水祠祭拜，为祠题联：“事业已为前辈录，典型留与后人看。”在海防、漕运、吏治等重重危机面前，阮元表达了要向英烈看齐，勇于担当、恪尽职守、为国家民族献身的济世豪情。正是抱着以史为鉴、以史育人、树立榜样的心愿，阮元推动了文物古迹的系列修复工作，西湖边的许多古迹如孤山行宫等都在此期间得到了修缮。

图51　民国拓清嘉庆年阮元书张苍水诗句（浙江省博物馆藏）

西湖孤山的六一泉边曾有三祠，是明代南关榷使陈调元为祭祀前朝贤臣而修建的。后历有修筑增补。乾隆年间，堂庑改成佛宇，先贤像被挤在夹室中，地方狭窄潮湿，祠堂与塑像都已破败，而且祠所在的地理位置周边比较局促，也无法扩建。刚好金沙港有五间甚为宽敞的房屋，临水而建，嘉庆八年（1803），阮元就把三祠迁到了金沙港，分别定名为正气阁、遗爱堂、先觉堂，并且写了《金沙港三祠记》刻碑记录此事。

阮元用心经营，保全了浙江的众多文物。西湖边的白苏二公祠、岳王墓庙、张苍水祠等这些承载着民族优秀精神品格的祠庙，成为兼具旅游和教育意义的文化景观，传达着正气、正义等价值观，促进了社会的和谐与发展。

透入苍山石骨中

光绪三十年（1904），浙派篆刻家丁辅之、王福庵、叶为铭、吴隐四人在孤山创立了中国第一个印学社团——西泠印社，以“保存金石，研究印学，兼及书画”为宗旨。首任社长吴昌硕先生说，“钝丁诸人，尤为浙派领袖。浙派盛行于世，社之立盖有来由矣”，认为印社的产生得益于浙派印学的形成，并奉丁敬等西泠八家为浙派领袖，在社内立像纪念。

浙派印学兴起于清乾嘉年间，浙派印人以丁敬、蒋仁、黄易、奚冈、陈豫钟、陈鸿寿、赵之琛、钱松八人为代表，因都是浙江杭州人或寓居杭州，世称“西泠八家”。浙派崇尚秦汉印玺，应用坚挺的切刀来表现秦汉风貌，其古朴雄健的风格有别于皖派诸家的柔美流畅，所以有“皖派阴柔，浙派阳刚”的说法。浙派艺术主导清代印坛一个多世纪，成为印学史上一个令人瞩目的高峰，影响极深远。

浙派崛起之时，正是阮元在浙江任职时期，可以说，浙派印学的发展和兴盛，阮元功不可没。阮元学通今古，对诗书画印颇有研究，他年轻时被任命为南书房行走，奉旨参与续编《石渠宝笈》，得以观摩清宫书画收藏之精华，受此熏陶、积累，具备一定的鉴赏能力，而随笔所书《石渠随笔》八卷，对书画有许多精要的品评和考证，更印证了他的艺术造诣。阮元非常重视“碑文”，在碑文书法中，他推崇汉魏古法，特别是古隶书：“古人遗法，犹多存者，重隶故也。”“非隶书，不足以被丰碑而凿贞石。”他喜欢的书法风格是拘谨拙陋、界格方严、不尚风流、笔法劲正遒秀。阮元的书法主张，与杭州渐成气候的浙派印家力追秦汉的风尚不谋而合，两者自当互相吸引。

在浙江，由于阮元的影响，一个以杭州为中心的覆盖金石学、文字学、篆刻学等领域的学术文化圈逐渐形成，而阮元就是这个文化圈当之无愧的领袖人物。阮元个人收藏颇丰，光古印就有上百方，其中不乏珍贵的秦汉古印，他常常与同道中人一起欣赏、吟咏，开展金石研究、交流活动。在编撰《两浙金石志》《积古斋钟鼎彝器款识》等书的过程中，更是吸纳了大批金石学家如孙星衍、王昶、赵魏、黄易、奚冈、何元锡、达受、朱为弼、陈豫钟、陈鸿寿、屠倬、赵之琛等，他们互相切磋交流，治学氛围浓厚，在推进了金石学兴盛的同时，篆刻艺术也获得了极大发展。正是在阮元的大力推动下，西湖地域文化

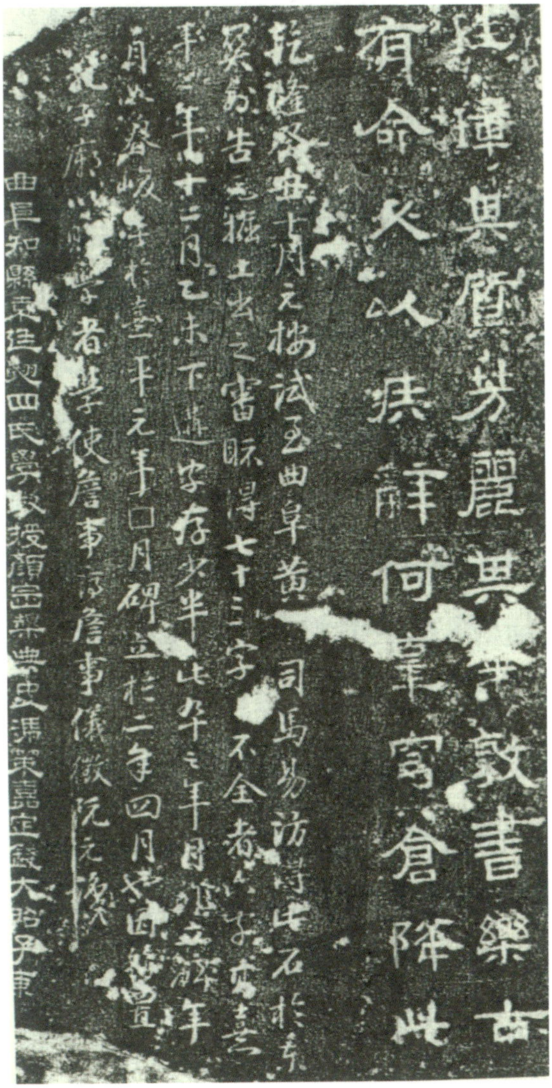

图52 《汉熹平残碑》及阮元题字拓片（黄易在山东曲阜访得该碑，后阮元移入孔庙并题跋）

蓬勃发展，杭州由此出现了在全国有影响力的篆刻家和印学理论专著，浙派印学风生水起，其中代表就是“西泠八家”。而在与西泠八家半师半友的交往中，阮元也成为浙派印社最重要的社友之一。

西泠八家中，以丁敬最为年长，作为“浙派篆刻”的开山鼻祖，“西泠八家”之首，他的篆刻宗秦汉印篆和前人长处，虽然比阮元年长六十九岁，两者在时间上并无交集，但学术主张相近。蒋仁比阮元年长二十一岁，阮元到浙江任学政那年已经去世，两人无明显交往。钱松年龄最小，比阮元小五十多岁，也无多少交往。其余五人则与阮元都有或多或少的交流。

黄易（1744—1802），字大易，一字小松。其父黄树谷精篆刻、通金石，从小受家庭熏染，黄易工诗词，善书画，长于碑版鉴定。后在篆刻上师从丁敬，进一步体现了浙派的独特风格。黄易比阮元年长二十岁，阮元任山东学政时，黄易任兖州运河司马，相投的志趣和近似的学术观点使两人很快成为至交好友。黄易收集了三千多种金石拓本，钟鼎、彝器、钱币、铜镜等数以百计，家里就像一藏宝库。阮元每次路过兖州，都会登门拜访，鉴赏把玩、切磋交流，常常流连数日，不舍离开。

阮元和黄易频繁互动，还留下了不少佳话。某日，黄易见到了阮元收藏的《鹅群帖》，爱不释手，此帖是东晋书家王献之的手笔，原藏于明书画家徐渭手中。卷首有几只徐渭所绘之鹅，形神兼备。阮元见此，就说：“如果你能在砚台的背面摹刻此图，我就把此帖送给你。”过了几天，黄易果真拿着镌刻好的砚台上门，阮元翻过来一看，只见底部刻着两只鹅，一曲项，一俯首，步态蹒跚，神气活现。上有黄易临摹的徐渭草书：“换鹅人不作，空对此鹅群。笔冢墨池者，寓言良独欣。天池。乾隆甲寅十二月，伯元属黄易摹。”阮元看后赞不绝口，在砚台的侧面刻下一段铭文记录此事：“元得徐天池所藏《鹅群帖》，卷首画鹅，意态逼真。小松司马见而爱之，元曰：能摹研背当奉赠。越日，果持此砚来，其神采出天池上，盖天池所能，小松能之；小松之能，天池所不能耳。甲寅冬，阮元识于小沧浪。”

阮元编撰《山左金石志》也是受到了黄易的启发，山左是山东省旧时的别称，正是看了黄易收藏后，才萌生编书之意，且此书的原始资料很多就是来自黄易的先期收藏和考证。移任浙江后，阮元将山左金石考证的最新研究成果带回了浙江。嘉庆元年（1796）五月，《山左金石志》刻成，在浙江艺术界产生了很大的震动，也使黄易在浙江金石界名声大振。

《山左金石志》的编纂，还促使阮元重新审视清代书风。他撰写了两篇改变清代书法审美观点的论文——《南北书派论》和《北碑南帖论》，提出

图53　近代吴昌硕、沈瑾刻砚拓本（浙江省博物馆藏）

北碑南帖之说，使得碑、帖有了明显的分界，并确立了汉碑在中国书法史上的地位。

西泠八家中另一位比阮元年长的是奚冈。奚冈（1746—1803），初名钢，字纯章，后更字铁生。奚冈绘画、隶古、篆刻无不精妙，所写诗歌抒发性灵，超然绝俗，但个性孤傲，一生不愿为官，朝廷以孝廉方正征辟，他也很不给面子地拒绝。这样的人一般不喜欢呼朋引伴，交际也比较狭窄，而阮元倒在奚冈人数不多的朋友圈内。

奚冈为阮元画过《虹桥话旧图》《古欢图》等。据说，要得到奚冈的作品很难，哪怕是托了重要人物去求画，也常常吃闭门羹。以奚冈的为人，绝不会因为阮元身居要职而与之交往，更不会因为阮元是地方官而献画。阮元曾

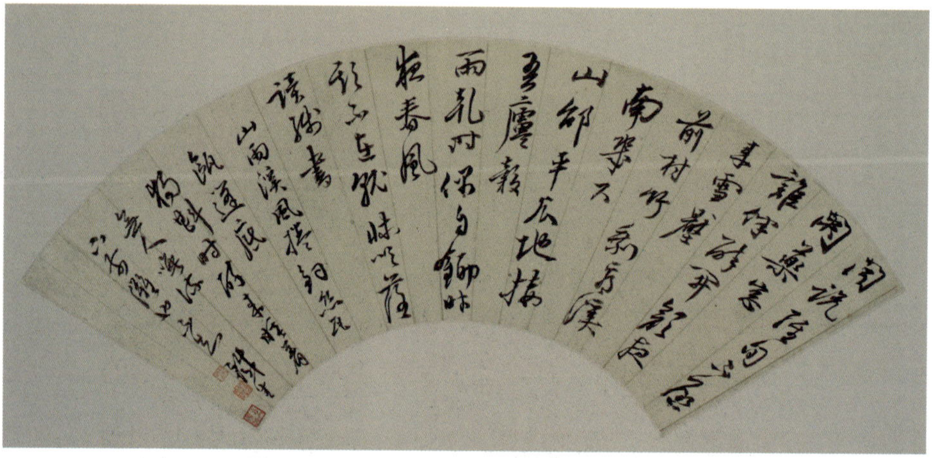

图54　清奚冈书法扇页（杭州西湖博物馆总馆藏）

说奚冈“性孤介，不谒长官，予在浙七年，未见其人”，意思是说奚冈这个人太孤僻了，我在浙江这么多年，都没有主动来拜访我，连我要见他一面都不容易啊。仔细品味一下阮元这番话，倒似乎有一点好朋友之间戏谑的成分在。阮元会这样说，和奚冈之间的关系应该是很亲密，已经到了开得起玩笑

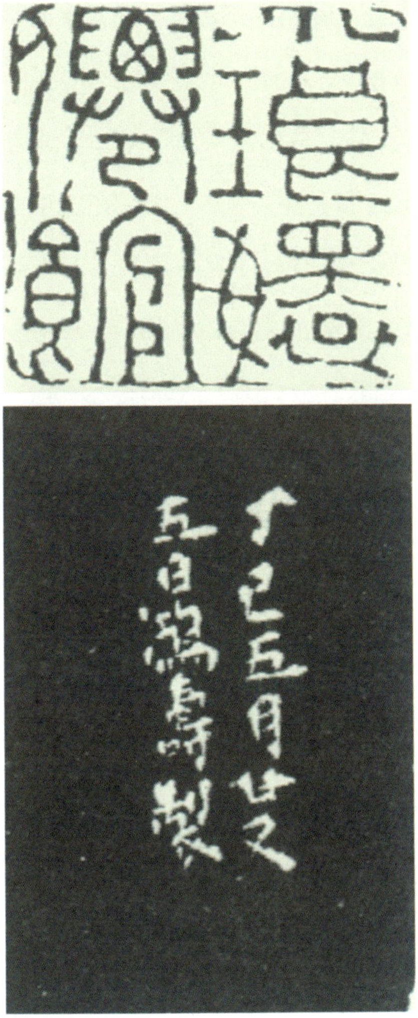

图55　陈鸿寿为阮元刻《小琅嬛仙馆》
（上海博物馆藏）

的程度。以奚冈这样耿介的个性而愿意与阮元交往，必然是志趣相投之故。两者都推崇隶书，崇尚汉风，喜好金石，所谓同声相应、同气相求是也。

扬州瘦西湖的傍花村种菊数百亩，田家篱落，风景绝佳。“花称乡心酒半酣，老人安稳住江南。阶前半亩方池水，便是延年古菊潭。”阮元孝敬父亲，每年九月，会从家乡运来菊花，一时院内瓶盎轩阶俱满，饶有家乡风致。阮元种菊原为解父亲思乡之愁，却意外地带动了西湖赏菊风气。嘉庆七年（1802），奚冈为此画了一幅《秋江载菊图》，澄波万顷的扬子江上，金山突兀其中，一叶扁舟满载菊花顺流而下，笔墨清稳深厚，有咫尺万里之势。阮元在上题诗：“为写秋江载菊图，黄花同我住西湖。我来日饮西湖水，更为浇花调一符。”用西湖的水浇灌扬州来的黄菊，一种相思，两处乡愁。第二年九月，当一舟黄菊如期而至时，作画的奚冈却已仙去，阮元睹物思人，悲从中来，重题《秋江载菊图》云：“花自天言人自淡，旨教心事不如花。”

西泠八家中，与阮元的关系最为密切的，当属名噪一时的翩翩才子陈鸿寿。陈鸿寿（1768—1822），字子恭，号曼生等。陈鸿寿工诗画，擅长篆刻摹印，玩紫砂也成了名家，他首创的融金石、书画、诗词与造壶工艺为一体的紫砂壶称为“曼生壶”，被奉为紫砂壶中的珍品。从山东学政开始，陈鸿寿入阮元幕府长达十二年。阮元曾编写过《小沧浪笔谈》一书，回忆在山东任学政时的经历，收录与朋友之间酬唱诗文、所历纪游等，其中就附录有陈鸿寿的诗文。正是在山左幕府，浙派两大代表人物陈鸿寿与黄易相识，开始金石交往。

阮元到浙江后，陈鸿寿也随之回到杭州，成为阮元“幕中七子”之一。从嘉庆二年至六年（1797—1801），陈鸿寿跟随阮元左右，辅佐督学两浙、方筹海防、檄榜赈灾等诸多事宜，“轻车往返，走檄飞章，百函立就”。陈鸿寿文笔超绝，协助处理公务、撰写文书得心应手，为阮元的政治和文教活动做出了积极贡献。受阮元影响，陈鸿寿从政后成为一位出色的治水专家和吏治专家，撰写了《大禹龙门考》《汉制考疏证》《意林翼王右军帖考注》等有关治水、吏治及艺术的著作。

阮元重视人才，对于有才华的人，从来不吝惜给予发挥才能的机会。吴山下的学府西园内有专供陈鸿寿居住的“曼云吟馆”。西园是宾客居处，也是阮元在杭州重要的文化交流中心，臧镛堂、李锐、胡廷森、方溥、程赞和、江镠、郭麐、陈文杰等诸多文友曾居于此，雅集、考证、题咏、传拓和编集金石书画，陈鸿寿顺理成章地走进了阮元的核心交游圈。阮元重新摹刻“石鼓文”，陈鸿寿观后赋长诗纪事，中有“琅嬛仙人一代宗，龙文健笔苏韩友。金石借证经史伪，斤权函毁悟毂豰”之语，并为阮元刻“小琅嬛仙馆”朱文印。阮元的“秦汉十印赏赋”，陈鸿寿分赋《后汉李忠印》；阮元召集的“八砖吟馆”雅集，陈鸿寿分咏《西汉黄龙砖》；阮承信七十寿辰，阮元以商周十三吉金酒器待客，陈鸿寿作《得商子执戈觚》。

陈鸿寿早年嗜好金石，受黄易影响，又与何元锡、奚冈、郭麐、查揆等人交好，在西湖葛林园中，结“得树轩吟社”，或诗酒唱和，或考研金石文字，诗、书、画、印由此初见端倪。此番有机会接触到大量的金石书画，遍交金石圈中人，共同研讨金石之学，在这样的文化滋养下，陈鸿寿的书法篆刻水准日益精进，成为浙派印人中影响最大的一位。阮元所用印章大多出自陈鸿寿之手，为世所推重。阮元极为赏识陈鸿寿，称其为“武林三陈”之一。诂经精舍创立后，即聘陈鸿寿为讲学之士，阮元编撰《两浙盐法志》《两浙輶轩录》《定香亭笔谈》等多部书籍时，陈鸿寿均参与校阅订正。

西泠八家中，还有一位以阮元为师的，那就是陈豫钟。陈豫钟（1762—1806），字浚仪，号秋堂，生于金石世家。他于古文字学有较深造诣，善画竹兰。陈豫钟虽然比阮元大两岁，但自刻一印“琅嬛弟子”（琅嬛仙馆是阮元的斋号），可见对阮元的尊崇。阮元所倡实事求是的学风，成为陈豫钟“求是斋”的出处。

陈豫钟为阮元写过文庙镈钟的古文，还为《薛尚功钟鼎彝器款识》摹写款识，都深得阮元赞赏。

阮元对陈鸿寿和陈豫钟有这样的评价：“钱塘陈秋堂（豫钟）深于小学，篆隶皆得古法，摹印尤精，与曼生齐名。秋堂专宗丁龙泓，兼及秦汉；曼生则专宗秦汉，旁及龙泓，皆不苟作者也。”

西泠八家之一的赵之琛比阮元小十七岁，为陈豫钟弟子，擅长金石文字，阮元《积古斋钟鼎彝器款识》中的古器文字多由赵之琛手摹，他们的交往也多半属于金石之交。

阮元为考据证史而重金石、崇碑学，考察他与西泠八家的交往，可以看

图56　西泠印社旧影（杭州西湖博物馆总馆藏）

到，阮元提倡的碑派书法对以西泠八家为代表的浙派篆刻，影响极为深远。从某种意义上来说，浙派篆刻正是把阮元的碑派书法运用到了篆刻中。可以说，正是阮元的学术思想浸润和尊才聚才的开放态度，及其创造的宽松活跃的学术氛围和对金石篆刻的热情推动，造就了浙派篆刻的灿烂景象和浙江印学的辉煌历史。

如今，孤山上的西泠印社被誉为“天下第一名社”，已是全国重点文物保护单位，也是中国研究金石篆刻最负盛名的民间学术团体。

好古常携己子彝

嘉庆七年（1802）九月的一天，天清气朗，风和日丽，通江桥边的杭州抚院内桂香正浓。巡抚阮元这天难得有了闲暇，踱到书房，看儿子阮常生正在整理考证的一方方古印，不由心情大好，想着趁此机会，召集学界好友一起玩赏。

积古斋旧藏有古印上百枚，阮元精挑细选十方秦汉铜印。应邀而来的朱为弼、陈文述、顾廷纶、焦循、张鉴、陈鸿寿、蒋征蔚等都是金石考据和古物收藏的"发烧友"，见到阮元晒出的秦海上嘉月鉢、汉王禁印、李广印、刘胜印、司马迁印、晋刘渊印等世所罕见的珍品，不由眼前发亮、爱不释手。兴之所至，每人随机取一枚铜印，即兴赋诗一首。阮元拿到的是刘渊印，他细细端详着工整质古的铜印，方寸之间，仿佛风烟乍起，历史重现，脸色也不由渐渐变得凝重，当即写道：

汉宝缺角威斗亡，永嘉六玺归晋阳。
中间窃夺数十载，天生汉甥刘元海。
元海二角真英雄，蛟龙那得居池中。
可怜王侯降编户，刘渊名但镌顽铜。
此铜镌印尚青组，随陆文兼绛灌武。
朱范同门传五经，曾以书缄封印土。

无端玉玺来河汾，改元刻瑞增三文。
平阳光昌汉天子，岂监司马家儿军。
当涂典午皆成篡，昭烈庙中出降禅。
公主之孙能复仇，人心到底思东汉。
惜哉和曜性不仁，不及李渊生世民。
若使石符奉汉玺，讳渊久已如唐人。
我今得印系之肘，刚卯金刀辟邪钮。
回水为渊属象形，想见单于文在手。

刘渊是五胡十六国时期前赵政权的开国皇帝。这首叙事诗讲述了刘渊文韬武略的传奇人生及十六国时期的动荡历史，强调了国家统一、安定富强局面的来之不易。诗中把刘渊和唐高祖李渊进行跨时空的对比，借以说明文化塑造、精神建设的重要性。小小一方铜印蕴藏着丰富的信息，透过深峻的镌痕，呈现于诗人眼里的是一段沧桑的历史、一份对现实的观照。世间纷争，终将灰飞烟灭，唯有古物留存。这或许也是金石鉴赏的乐趣所在。“咏十印”在金石学界一时成为佳话。

清乾嘉时期，文物鼎盛，金石学盛极一时。作为一代大儒，阮元在金石学领域同样成果丰硕，他主持编著有《山左金石志》《皇清碑版录》《积古斋钟鼎彝器款识》《两浙金石志》《汉延熹西岳华山碑考》等著作，他在浙江所撰的《定香亭笔谈》四卷杂文中，关于金石的文章就达四十五篇，对金石传承、古籍校勘起了重要作用。阮元在金石学界享有极高的声誉，身边聚集了一批金石爱好者，如王昶、孙星衍、翁方纲、释达受等，他们常会组织类似“咏十印”“咏汉鼎”“咏八砖”之类的雅集活动，相互分享馈赠、共同研讨鉴赏，从而推动了金石学的发展。

阮元热衷于研究金石学绝不仅仅是吟风弄月，而是出于考据的实际需要，通过对金石的研究“以证经史”。作为乾嘉学派的代表性学者，阮元致力于经学，十分重视考据，由文字、音韵、训诂入手以寻求经书义理。他在《积古斋钟鼎彝器款识序》中曾写道：

余心好古文奇字，每摩挲一器，拓释一铭，俯仰之间，辄心往于数千年前，以为此器之作，此文之铸，尚在周公、孔子未生以前，何论秦、汉乎？由简策而卷轴，其竹帛已灰烬矣，此乃岿然独存乎世，人得西岳一碑、定武片纸，即珍如鸿宝，何况三代法物乎？世人得世采书函，麻沙宋板，即藏为秘册，何况商、周文字乎？

图57　阮元像

在阮元看来，金石是第一手资料，无后人编校的讹舛，是比较可靠的、不被篡改的历史证据，对于文字训诂有着非常重要的作用。他大力肯定钟鼎铭文的学术价值：“铸器能铭古大夫，一篇款识十行余。尚书二十九篇外，绝胜讹残汲冢书。”“德功册赏与勋声，国邑王年氏族名。半订传讹半补遗，聚来能敌左丘明。”

阮元以极大的热情投入到金石遗迹的收集考证中。早在山东任上，他就于工作之余寻访境内的碑铭古迹，广泛征集古代青铜彝器和拓片，并把书房辟为

“积古斋”以作收藏，藏品既富且精。他还组织文人、金石学家进行辑录、研究，修纂了《山左金石志》。

阮元对金石学的热情贯穿从学政到巡抚的整个浙江任期。他曾嘱人铸“宝和钟”“刻漏和钟”“警钟”“古和钟”四钟。他还组织重编了薛尚功《历代钟鼎彝器款识法帖》，该书为宋金石家、杭州人薛尚功所著，摹录了商周至秦汉的铜器和玉石器铭文近五百件，且每件铭文都有释文并加以考证，是宋代金石著述中辑录铜器铭文最为丰富的一部。但传到清代，宋拓本只剩残卷、残页，重刊本杂误错漏百出。阮元搜集多个版本，组织人员校雠，对照文澜阁写本进行补正，并延请名家审定，重新加以编修，匡正了历史错误，为后人的学习和研究提供了极大的便利。

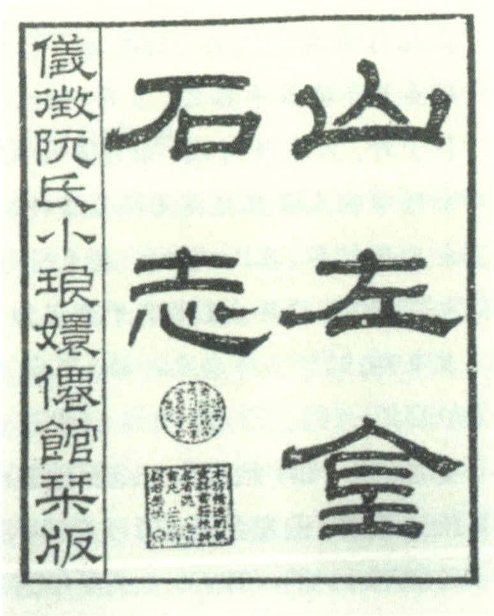

图58 《山左金石志》书影

随着文物的不断发现和收藏的丰厚，阮元一直想编一部续编。他的圈内好友如江德量、朱为弼、孙星衍、赵秉冲、翁树培、秦恩复、宋葆醇、钱坫、赵魏、何元锡、江藩、张廷济等都有较为可观的藏器和拓本。他广泛收集、细加精研，聘请朱为弼等金石学家，前后耗时十多年，终于嘉庆九年（1804，阮元当时一任浙江巡抚）编成《积古斋钟鼎彝器款识》。该书共十卷，著录铜器铭文五百五十余件，包括阮元自藏的二百五十余种和来自朋友的近三百种。铭文以古器时代先后为序，附有释文，并结合经史详加考证：“辨识疑问，稽考古籍，国邑、大夫之名，有可补经传所未备者，偏旁篆籀之字，有可补《说文》所未及者。”阮元亲自参与撰写或修改，卷首附有其所作文章《商周铜器说》。《积古斋钟鼎彝器款识》被认为是继薛氏《历代钟鼎彝器款识法贴》之后第一部由私人编纂的铜器铭文著录考释的集大成之作，成为国内外学者研究金石的重要文献资料。直到今日，该书对于考古学、古文字学，尤其是金文的研究仍然具有重要的

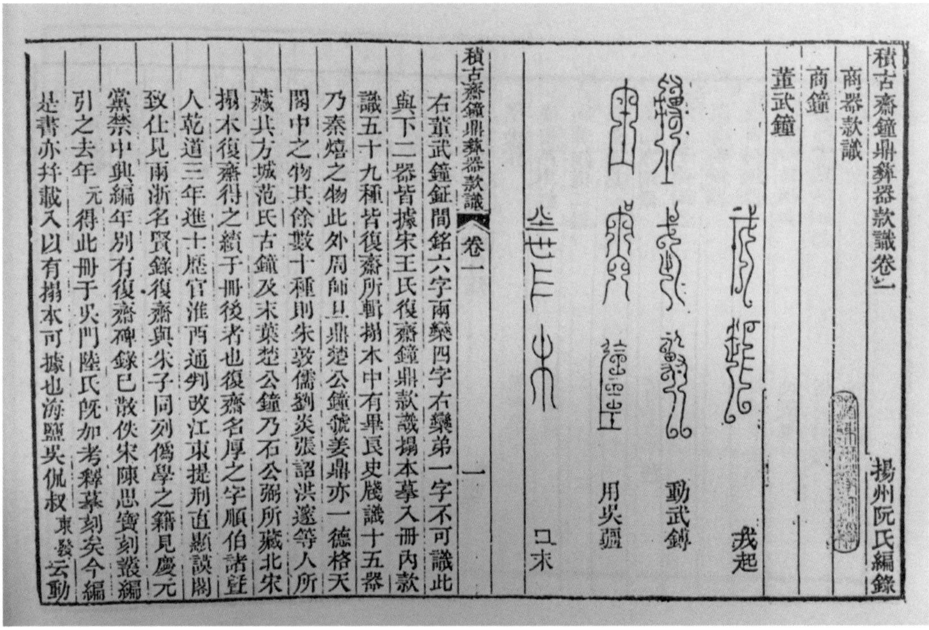
積古齋鐘鼎彝器款識卷一　揚州阮氏編錄
商器款識
商鐘
董武鐘
我起　勤武鑄　用共疆　口末
積古齋鐘鼎彝器款識　卷一　一
右董武鐘鉦間銘六字兩欒四字右欒弟一字不可識此與下二器皆據宋王氏復齋鐘鼎款識搨本摹入冊內款識五十九種皆復齋所輯搨本中有畢良史跋識十五器乃秦熺之物此外周師旦鼎楚公鐘虢姜鼎亦一德格天閣中之物其餘數十種則朱敦儒劉炎張詔洪邁等人所藏共方城范氏古鐘及宋葉楚公鐘乃石公弼所藏北宋搨本復齋得之續于冊後者也復齋名厚之字順伯諸暨人乾道三年進士歷官淮西通判改江東提刑直顯謨閣致仕見兩浙名賢錄復齋與朱子同列僞學之籍見慶元黨禁中興編年別有復齋碑錄已散佚宋陳思寶刻叢編引之去年元得此冊于吳門陸氏既加考釋摹刻矣今編是書亦并載入以有搨本可據也海鹽吳侃叔東發云勤

图59 《积古斋钟鼎彝器款识》书影

价值。

当时，金石学的著录研究主要集中在碑版石刻，对铜器及铭文的研究并不普遍。阮元认识到，“古器虽寿，然至三四千年出土之后必不能久，不如摹勒其铭为书，使之永传不朽”。铜器虽质地坚硬，但也容易遭受各种破坏，不易永久保存，因此他非常重视器物拓本。阮元的好友“金石僧”释达受（即六舟和尚），精于鉴别，和马起凤共同开创了金石器物的全形拓，这种全形拓技法复杂，能在纸质平面上通过传拓技艺呈现器物立体形态，类似于写真

图60　达受手拓西汉定陶鼎卷（浙江省博物馆藏）

博古。有次，六舟和尚拿了焦山鼎的全形拓本给阮元看，阮元非常感兴趣，细细琢磨后，感叹于传拓艺术的非凡表现力，大加赞赏：“此图所摹丝毫不差，细审之，盖六舟僧画图刻木而印成鼎形，又以此纸折小之以拓其有铭处乎。再细审之，并铭亦是木刻。所拓篆迹浑成器于无别，真佳刻也。”随即请六舟为自己所藏的三代鼎彝制作了全形拓。阮元的大力推广使全形拓名扬海内，也促使了金石拓本技艺的提升。

除传世的古代钟鼎彝器等器物外，阮元还非常注重碑版石刻的搜访、研究和传录。他利用公务间隙，踏遍浙江山水，不遗余力地探访古迹，搜寻金石。他和助手一起深入荒郊僻野、陡崖险谷，获得了大量一手资料。

南屏山位于杭州西湖南岸、玉皇山北，山势如屏，怪石玲珑，风景绝佳。古人曾有“武林山水，西湖最胜；西湖山水，南屏最胜”的说法，山下有著名的净慈寺，即西湖十景之一的“南屏晚钟”一景。自古游人络绎不绝，留下了众多的摩崖题刻，知名的就有司马光的“家人卦”“乐记”“中庸”等。其中“家人卦”字口清晰，笔画沉着刚劲、线条直弧相参、朴拙中尽显秀美之态，是不可多得的珍品。但关于这篇题刻的书写者一直存在争议，比如周密在《武林旧事》中就认为是唐人遗墨，后人穿凿附会，加刻司马光所书。为此，阮元督学浙江时，就曾上山探访，他结合司马光的书法特点和历史记载，初步认定是司马光笔迹。并在嘉庆元年（1796）以此为题，考杭城学子。陈文杰曾有诗云：“隶书古劲透山骨，藓痕半蚀土花碧。云是温公旧日书，示识何时勒崖石。……万古峥嵘翰墨香，要缘古义留天地。”

直到谢启昆巡抚广西，在融县老君洞也发现司马光隶书“家人卦”的刻石，马上寄了一份拓片给阮元。该摩崖为司马光曾孙司马备所刻，末跋写道：“先太师温国文正公书此于家，曾孙备因倅融水，谨摹刻于郡南老君洞之石壁。绍兴十九年（1149）岁在屠维大荒落重午日记。”

嘉庆六年（1801）一开年，浙江沿海就警情不断，好在经过一年多的备战，海防能力有了很大提高，定海、温州等地频频有捷报传来，形势不错。

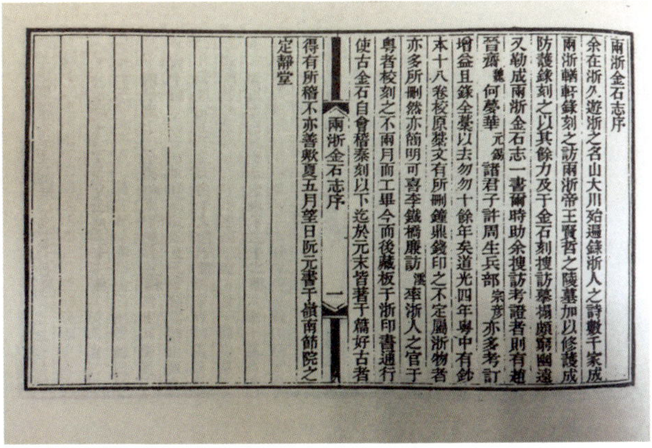
兩浙金石志序

余在浙久遊浙之名山大川殆遍錄浙人之詩數千家成兩浙輶軒錄刻之訪兩浙帝王賢哲之陵墓加以修護成防護錄刻之以其餘力及于金石刻搜訪摹搨頗窮幽遠又勒成兩浙金石志一書爾時助余搜訪考證者則有趙晉齋魏何夢華元錫諸君子許周生兵部宗彥亦多考訂增益且錄全稾以去匆匆十餘年矣道光四年粵中有鈔本十八卷校原稾文有所刪鐘鼎錢印之不定屬浙物者亦多所刪然亦簡明可喜李鐵橋廉訪澐率浙人之官于粵者校刻之不兩月而工畢今而後藏板于浙印書通行使古金石自會稽秦刻以下迄於元末皆著于篇好古者得有所稽不亦善歟夏五月望日阮元書于嶺南節院之定靜堂

兩浙金石志序 一

图61 《两浙金石志》书影

元宵节这天，巡抚阮元给自己放了一天假，和几个朋友一起再次来到南屏山。一行人沿着陡峭的山势，搜寻着壁间摩崖，仔细比对了两方“家人卦”刻石，再结合老君洞的末跋，确认是司马光所书无疑，就此解决了《家人卦》

图62　阮元书“荔峰”拓片

的历史疑案，足见摩崖之文献价值。阮元还就此写了考证的依据，刻在司马光书“中庸”题刻后上方。这篇题记虽文字略有漫漶，仍可从现存的九十多字中一窥阮元治学的严谨。

后在《两浙金石志》序中，阮元说道：“余在浙久，游浙之名山大川……以其余力及于金石刻搜访，摹拓颇穷幽远，又勒成《两浙金石志》一书。尔时，助余搜访考证者则有赵晋斋魏、何梦华元锡诸君子。许周生兵部宗彦亦多考订增益，且录全稿以去。”足见其认真严谨的考据态度。

其实，自《山左金石志》出版后，阮元就考虑编撰《两浙金石志》一书，但到嘉庆三年（1798），才正式开始着手编撰。因编此书需要大量搜访、考证工作，历时弥久，直至嘉庆十年（1805）才基本定稿。但当时并没有马上刊刻，一直到道光四年（1824），经过阮元的反复考订修改，才终于付梓。

《两浙金石志》共十八卷，收录自秦至元至正年间的金石铭文六百五十八种（实际所收六百八十种），种类有石刻、碑文、造像、塔记、经幢、题字、砖文、钟铭、铜器、印文等。按时代顺序，先录金石文字，后附按语，详载各金石所在地点、行数、字径等，并在评析中参考引用了同时代钱大昕、吴任臣等学者的考校成果，对江浙一带的金石铭文作了系统的考据，这套书至今仍是研究江浙地区摩崖石刻的重要参考资料。

阮元的金石学研究，贯穿着他"实事求是"的指导思想和严谨治学的学术态度，开拓了以金石文字校勘古籍的途径。浙江乃金石大省，加之物阜人丰，在阮元的大力倡导和悉心培养下，人才辈出，学风鼎盛，金石刊刻成果颇丰，为后人留下了宝贵的学术财富。

作为一代金石大家，阮元在浙江留下的题刻并不多，西湖边现有三处题刻，包括灵隐一处和南屏山两处。南屏山荔枝峰山脚处有阮元题书的"荔峰"两字，虽只有简洁的两字，却可从中体味阮元书法舒张典雅的风味。这些题刻留存至今，成为今人研究摩崖石刻的重要史料，也是今日西湖边丰富的人文积淀的重要组成部分。

重浚水利注清流

嘉庆九年（1804）三月，巡抚阮元全程坐镇温台前线指挥剿匪，待形势好转，于四月初打道回府。正是春耕时节，但见村村渔樵耕读，家家桑麻菽麦，一派春意盎然、欣欣向荣的好景象。阮元却安不忘虞，暗自担忧：农业靠天吃饭，一旦有水旱灾害，又该如何保障这份春华秋实？他在诗中写道：

垦岭开山愁水旱，分田析屋养儿孙。
长官那有安民策，惟望丰年是本原。

阮元的忧虑不无道理，江南四月是多雨的季节，这一年的雨却比往年来得更为猛烈，杭州府城在淫雨霏霏中水满街巷，低洼之地已沦为汪洋，张鉴诗云“杭州城下波拍浮，杭州城西水不流”正是当时的真实写照。阮元刚回杭，舟车劳顿之下又转入抗洪救灾中，疲惫之余，他也清楚地认识到事有缓急，浚治水利事关民生大计已迫在眉睫刻不容缓，而眼下当务之急便是快速厘清杭城水系的分布脉络和淤塞情况。

杭州“本江海故地，水泉咸苦，居民零落”，直到唐杭州刺史李泌首开六井，引西湖水入城，才基本解决了居民的饮用水问题。李泌所开的六井，在当时是相当先进的地下引水系统，由入水口、地下输水管道和出水井三部分组成。入水口在现在的湖滨路与仁和路交叉路口，附近设置水闸，可以随

图63　紫城巷南宋水管遗迹(杭州市文物考古研究所提供)

时开启关闭，控制流量。地下输水管道经过精心设计，先是挖地沟直通城内水井，再在地沟内砌石槽，石槽内又安置空心竹管用于输水。

一湖甘水滋润了千家万户，西湖也与杭城建立了唇齿相依的重要联系。李泌之后，引湖水入城的工程一直都有持续。钱元瓘在涌金门附近开凿涌金池，引湖水入清湖河(浣沙河)。苏轼开挖沟渠导引湖水由清波门、涌金旱门入盐桥河(现中河)。到了南宋，西湖水入城有了三条通道：涌金水门、涌金旱门环带沟和清波门底流福沟，引水渠道也从地下变为地上与地下交错输送。明清延续这种用水的格局。湖水进城后转注于城内各河，解决了城市生活用水、农田灌溉、水路交通等一系列问题，西湖成为杭州古城水系的重要组成部分。城市水网密布、暗流涌动，于是有了七百年前马可·波罗笔下的杭州“有一个华美的清淡水湖”，“大大小小的沟渠，河水流到城中各处”，形成了水网密布的江南水乡。

美则美矣，但河道易堵，疏浚工作也成为历任郡守关心民生大计的重要任务。当时阮元面对的水利工程是数十年未有治理的状态。调查报告很快送到阮元手上，他不禁喟叹：“水利若此，当治乎？不当治乎？”

根据当时记录，西湖的三条入城水道，只有涌金水门尚通畅，环带沟微通涓滴，流福沟则早就淤塞不通了。

流福沟从学士港引水经过流福寺，然后通过暗渠经清波门入城至府治前，再以明渠入满营城、八字桥，分两路入小河（市河），过金箔桥入中河，贯通城内外数十里，流经之地衙署集中、民居密集，是杭城最中心的地段。因此，历史上流福沟一直是比较重要的一条河流，对供应居民的生活以及城内其他河道的水源都具有举足轻重的意义。

由于水道壅塞，一旦大雨，上游泛滥成灾，而下游河道因水流无法通达，反而水浅浑浊。严重时，城内河水泛溢，平地水深可达三尺以上，居民生活在水中，道路几近淹没，政府官吏只好划着小船去办公，甚至于监狱进水，狱卒只能用桔槔（汲水工具）排水，囚犯出不去，瘐死的不在其数。

要从根本上解决问题，必须对几条水系进行全面彻底疏浚。为尽快落实工作，避免百姓再次遭受水患之苦，阮元没有按惯例通过烦琐的流程向朝廷要求救灾拨款。他带头捐出养廉银，官士商纷纷响应，慷慨解囊，最后共计筹得白银近五千两。

资金解决了，对于由谁来担当工程指挥，谁能既保证施工质量又正直公道这个问题，阮元也是费了一番心思，最后在推荐的人员中选聘了候铨同知邱基。邱基是土生土长的杭州人，熟知地方水系，也懂水利技术，关键是为人正直，口碑好，在民间有一定威望。四月动工，工程前后历时十个月，邱基严格按照阮元的既定方案实施：

其一，增加源头引水，拓宽学士港十五丈六尺。

其二，开挖渠道。分段疏通学士港、流福沟至三桥址段，自三桥址往北至满城，三桥址往南过藩司、东行宫前之太平沟、金箔桥、通江桥、过军桥、

图64 《嘉庆九年重浚杭城水利记》拓片

庆丰关等处，共掘土九千四百四十五方。

其三，设置闸门。为便于控制水流量，在各水道口包括涌金、清波、兴隆、圣塘涧水及石函分设金木水火土五闸板，派专人管理，视西湖水位情况开关闸门。

邱基果不负众望，一鼓作气在第二年汛期来临前保质保量地完成了疏

图65 《浙江省城水利全图》拓片

浚工作，他亲自审核工程量和工程款，包括每笔工钱支出都记录得清清楚楚，以保证款项都用在工程上，如此大的项目，费用不到五千两，实属不易。

为长治久安，阮元进一步制定了后续管理措施，内容有三：一是明确实行“岁修制”，规定每年十一月旱季例行浚治一次；二是落实管理责任人，规定由杭州水利通判全面管理，钱塘、仁和两县主簿、运司经历分管，院司府县承担督察责任，并强调“毋减工，毋累民”，确保水流畅通；三是建立档案制度，以备查询。

西湖水入城的水道再次畅通无阻，流福沟从清波门过运司前，与环带沟会合通往三桥址，再会涌金水门水入满城营，藩司前山水汇入太平沟也一路通畅。

当清澈的湖水款款注入城内，淌过街头巷尾的小河时，举城欢庆。阮元特地写下《嘉庆九年重浚杭城水利记》，详细记录了西湖水的入城渠道、流贯河道及疏浚经过，并由梁同书撰书、张培刻碑，于清嘉庆十年正月十五立吴山海会寺（现碑在杭州孔庙）。海会寺是杭州地方官祈晴祷雨的重要场所，《万历钱塘县志》称：“自宋至今，每亢旱淫潦，有司恒即山中迎大士像入城，于吴山海会寺祈祷，无不响应。”官员和百姓对此信奉有加。阮元立碑于此地，也是希望借此能引起后继地方官员的关注，重视水利管理，保一方平安，可谓用心良苦。

借此工程，阮元组织人员对杭城水系进行全面调查，基本摸清了分布情况，随后绘出《浙江省城水利全图》，图中描绘了以西湖、城壕及城内河渠为主干的城市水系分布，标注出杭州城墙、城内的行宫、官署、仓廪、书院、牌楼、寺观、渡河、桥墩等重要节点位置，西湖及钱塘江则以线条标示。这一水系承担着供水、防火、灌溉、交通、防御等重要功能，也有重要的调蓄洪水和排洪排涝的功用。该图也刻石立碑以示后人，碑阴则刻重浚杭城水利的捐款题名。

古今水道变迁极多，小水支流常混淆不清。其时阮元还对《禹贡》中提到的“三江”和当时的“浙江”等河流的古今水道的变迁、名称的变化作了详细考证。他“参稽经史，测量水土”，做了大量的文献考证和实地考察工作，并精心绘制了十幅示意图，花了七八年工夫，最后撰成数万字的浙江地理科学论著《浙江图考》。当然，阮元也有局限之处，他以《说文解字》为依据，考证历史上诸家记载以证明浙江不是渐江，也就不是钱塘江，这确实是个谬论，但其中分析了历代浙江治水工程的得失，经实地勘察而成的图例及浙江水系源流、海潮涨退、航运交通等情况的资料，为浙

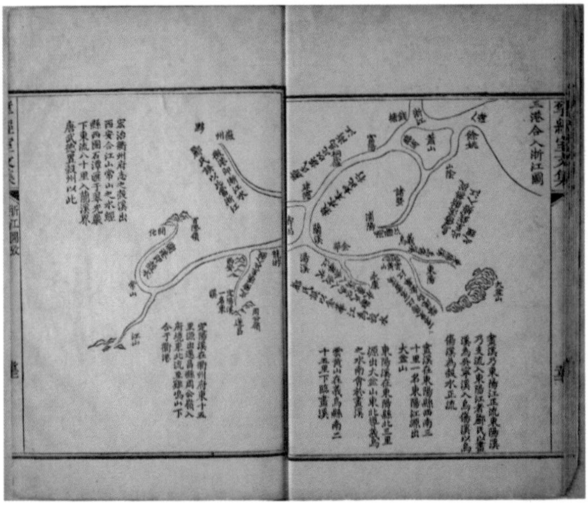

图66 《浙江图考》书影

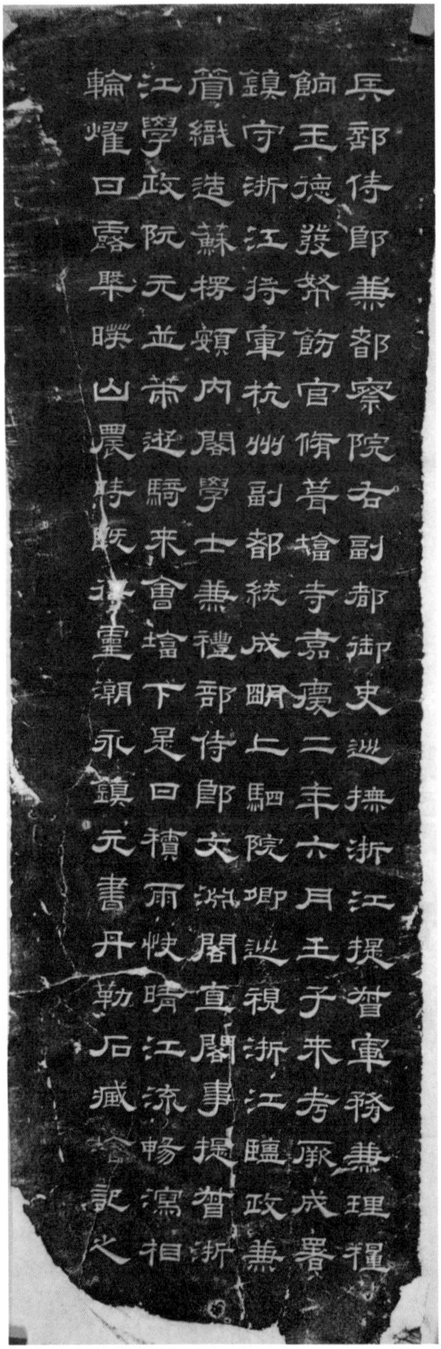

图67　民国拓清嘉庆二年阮元镇潮勒石题记(浙江省博物馆藏)

江的水利、交通运输和农业发展提供了宝贵资料。

杭州水利除了河防、湖防外，还有一项非常重要的内容就是钱塘江海塘。历史上钱塘江潮灾频仍，危害极大，因此，从钱镠筑捍海塘到清代大规模修建鱼鳞石塘及至乾隆六下江南阅视塘工，修筑海塘防御潮灾一直是国家的重点工程。

清嘉庆四年(1799)，仁和范公塘和西柴塘共五百多丈柴桩霉朽、柴埽矬卸，附土坍宽，东塘三百六十丈桩石损坏，若不及时修护，将积小患而成大害。十一月十五日刚抵杭州署理浙江巡抚事务的阮元，未来得及休息调整，就马上落实专人查勘，督工防护、分段抢修，以预防即将到来的春汛。

西江塘位于萧绍平原西端，全长三十余公里，是历史上防御钱塘江、浦阳江水患，保护萧绍平原的一项极为重要的水利工程，关系到山阴、会稽、萧山三县的安危，一旦决堤，三县被淹，后果不堪设想。清嘉庆十三年（1808），钱塘江水泛滥，因护塘地方官的不作为，面临萧山的西江塘决堤，水由决口入西小江。阮元此时正好再次任职浙江巡抚，得知灾情立马奔赴萧山抢险，不顾安危，现场勘察地形，分析上游水势，亲自指挥分流护塘，暂时堵住了决口。

危机暂时解除后，阮元又带头捐款，筹集万两白银维修加固海塘。历来海塘工程都是肥肉，各种私吞和浪费的弊端层出不穷，为此阮元大胆启用懂治水又有良好声誉的乡绅孙上骧、王宗炎负责管理，自己也常亲临巡视，以保证工程质量，制止铺张浪费，其间还处理了一批敷衍了事、护塘不力的官员和染指工程、把持塘工的小吏。

历史上西江塘经常毁决，筑堤保塘有功之人，无论官吏还是平民，都深受群众爱戴。清嘉庆十五年（1810），西江塘竣工时，阮元已离开杭州，当地百姓依旧修筑了“阮怀亭”，立石刊刻《重修西江碑记》，纪念阮元修江塘的功绩。清藏书家、萧山人王宗炎题联“渔浦浪花摇素壁，西陵树色入秋窗”。岁久亭圮，碑石无存，只有西江塘蜿蜒曲折，临水而立，见证着这段久远的历史。

海塘贵在日常养护，有记录可知仅于嘉庆五年（1800），阮元主持修建海塘就达七次。正是由于阮元严格实行了岁修制度和抢修制度，在他任职的十几年期间，浙江海塘没有出现大问题，维护了一方平安。

注重文献的阮元发现治河有志而治海塘无书，遂组织门生编写了《海塘志》三十卷，以修筑为重点，较全面地反映了海塘要务的各个方面，为研究浙江水利史奠定了基础。可惜因故未梓行，后清杨鑅编入《海塘揽要》。

湖中多了一个岛

西湖是一个潟湖，早在秦汉时期，在江流和潮水的作用下，钱塘江湾的一部分逐渐冲积为沙洲，形成了西湖。西湖形成后，周围群山多条溪流把淡水和泥沙带入，湖水淡化的同时，泥沙的不断淤积也使得西湖比较容易沼泽化。可以说，从海水浸蚀的潟湖，到可供灌溉饮用之湖，直至审美观赏之湖，西湖历经两千多年的自然造化和巧夺天工。历代杭州地方官不断组织西湖疏浚，并在持续治理中创造性地依势造景，西湖由此发展演变为具有世界典范意义的“文化名湖”，被称为“人工与自然完美结合的典范”。

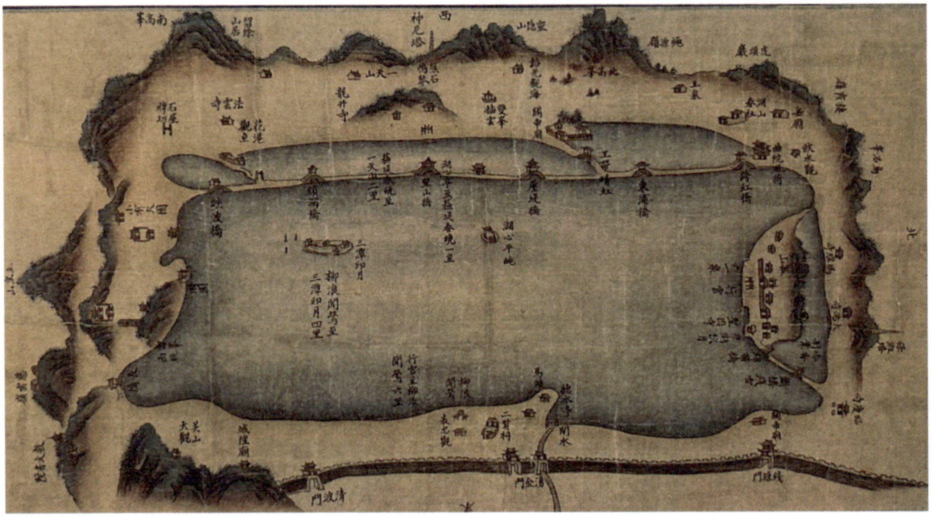

图68 《清乾隆西湖行宫图卷》局部（杭州西湖博物馆总馆藏）

图69 《西子湖图》(杭州西湖博物馆总馆藏)

著名的“两堤三岛”就是西湖疏浚与景观设计最为经典的产物，小瀛洲(三潭印月)、湖心亭、阮公墩三个小岛，如传说中的海外仙山一般，点缀在湖面，给西湖增添了无限意趣，人称“湖中三蓬莱”。不过，上溯两百多年，乾隆南巡杭州时，御用画师关槐所画的《西湖行宫图》，湖面上能看到只有小瀛洲和湖心亭两个岛屿，并没有阮公墩。关槐是杭州人，这幅长卷分五部分，鸟瞰式写实地描绘了西湖胜景，供皇帝出游导览。

何时湖中多了一个岛，形成了中国古典园林模式中“一池三山”的神仙意境？这还得从阮元丁忧结束、返聘浙江巡抚说起。

嘉庆十二年(1807)十二月，一纸圣令让阮元回到浙江。嘉庆帝御批：“授卿旧任，益勉新猷，察吏安民，练兵弭盗，实力实心，不可稍忽。”当时，浙江沿海海盗再次猖獗，在赴任途中，阮元再次接到嘉庆帝谕令，要求“严拿接济，以靖次源”。因此，阮元抵达杭州后，忙不迭地亲临沿海指挥剿匪、处理各种积案，深觉“政繁嫌昼短，少暇便心清”。

直到沿海局势稍稍稳定，阮元才有“少暇”关注身边的西湖。这时的西湖，距离嘉庆初小规模整饬已经十多年，距离前一次较大规模的李卫疏浚过去了八十余年，淤塞情况再次严重。嘉庆十四年（1809）二月，阮元上书陈述利害，要求疏浚西湖，他给嘉庆帝的奏折上写道：“现在港道淤积，甚或湖底显露，葑草高出水面，遇旱则涸，遇雨则溢。”可见当时西湖不仅没有了水光潋滟的风姿，而且湖道淤积，局部湖床袒露、葑草丛生。

图70　阮公墩旧影（杭州西湖博物馆总馆藏）

阮元自述疏浚西湖的一个主要目的是“以备农田水利”。其时，西湖不仅仅是一个风景名胜湖泊，更是一项事关国计民生的水利设施，西湖的治理，牵扯居民生活用水（杭州城的饮用淡水为引西湖水入城而得）、农业灌溉之需、运河补水和水利蓄泄等。受淤塞影响，西湖的蓄水能力大为降低，遇旱干涸、遇雨成涝，农业灌溉、城市用水受到了严重影响，直接危及老百姓的日常生活。因此朝廷也颇为重视，舍得投入人力物力进行治理。阮元向朝廷申请用于疏浚的四千五百两款项得到了嘉庆帝的批准，于是立马调动民工，开始了清代历史上又一次颇具规模的疏浚工程。

疏浚过程中势必挖出大量淤泥，该如何处置？前辈先贤给了阮元诸多启示。例如北宋苏东坡以淤泥葑草，筑就了举世闻名的苏堤，将一湖盈盈绿水分成了东西两部分；又如明代杨孟瑛拆田浚湖堆起了一条杨公堤，上架六

图 71　鸟瞰阮公墩（周兔英摄）

桥，和苏堤遥相呼应。明弘治以后，西湖又经历几次疏浚，用湖泥拓展和堆筑了湖心亭和三潭印月两个岛屿。

阮元从柳浪闻莺出发，经雷峰塔、苏堤、孤山，沿湖转悠了几圈，最终决定仿效前人做法，在小瀛洲北面、湖心亭之西将淤泥堆筑成岛，与原有的三潭印月、湖心亭成“品”字形排列，这便是湖中三岛之一的阮公墩。

阮元筑阮公墩，是经过整体构思和仔细考量的，对此他在《西泠怀古集》一书的序言里作了详细说明：“北山至南山，相距十里，湖面空旷，三潭以南，遇风作，无停泊处。适浚湖，因仿坡公筑堤之法，积葑为墩，为游人舣舟之所。郡人植芙蓉其上，呼为阮公墩，以比安石东山，则余不敢当也。”当时西湖已有两堤，阮元不再继续封土筑堤，而是堆叠成墩，位置上选择南北山间空旷的湖面，与原有的两岛遥相呼应，使得湖面开合有度、堤岛错落有致。堆叠浚湖淤泥成岛，既解决了淤泥的出路问题，又丰富了景观，起到了划分空间、点景和游憩的作用。“到岸请君回首望，蓬莱宫在海中央。”阮公墩最终成就了西湖上“蓬莱三岛”仙山意境的园林布局，现代西湖轮廓至此基本形成，阮元也无意中成了西湖园林建筑的规划师。

阮元自小饱读诗书，深受中国传统审美文化的浸润，又在江南长大，对自然山水有着敏感而细腻的感悟力。作为文人士大夫的典型代表，来到杭州，面对这天下难得的山水胜景，自然有相看两不厌的惺惺相惜之感。阮元关注西湖疏浚和景观营造，一方面是出于父母官的责任，另一方面，多年来接受良好教育而形成的审美品位也在无形中促使他为西湖的景观营造做出卓绝的设计。

千柳成烟本是西湖景观的一大特色，但当时阮元看到的景象却是“十里西湖波渺渺，柳不藏莺半枯槁”。“昔我往矣，杨柳依依”，柳树在中国传统文化中有特别的寓意，古人离别时，有折柳枝相赠之风俗，在思念亲人、怀念故友时也会折柳寄情。折多种少，西湖柳已稀疏零落不能藏莺。阮元有植柳经验，在修筑海塘时曾种柳护堤，其时已万树绿杨夹驰道。于是安排海塘兵从海塘边剪枝三千多株，“遍插湖边任颠倒”，柳树成活率高生长迅速，可以“一年两年影依依，千丝万缕风袅袅。待与游人遮

图72　柳浪闻莺旧影（杭州西湖博物馆总馆藏）

图 73　柳浪闻莺（周兔英摄）

夕阳，应有飞绵衬芳草”。如此这般，每年补种柳树一千株，“白堤插满又苏堤”，桃红柳绿的景观即可恢复。

柳能保持水土、抵御风沙，西湖边种植柳树的历史十分悠久。最早种植杨柳的人，就是那位为西湖留下许多诗文传说和动人景致的东坡居士。当年，他在疏浚西湖后，用浚湖淤泥筑苏公堤、建六桥，在堤上夹植芙蓉杨柳。

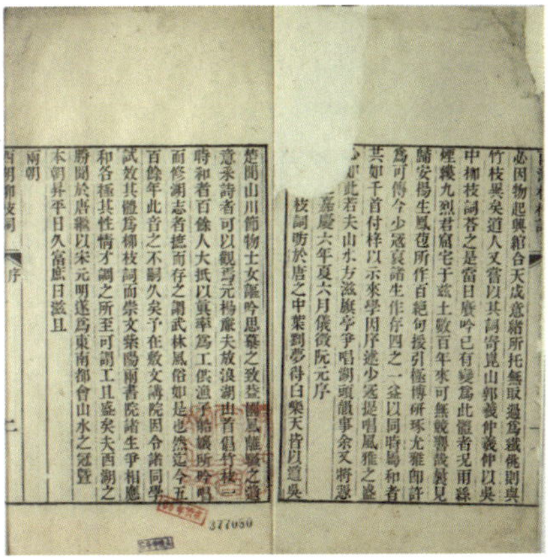

必因物起興綰合天成意緒所托無取過爲纖佻則與
竹枝異矣道人又嘗以其詞寄崑山郭羲仲羲仲以吳
中柳枝詞答之是當日賡吟已有變爲此體者[illegible]
煙幾九烈君寓宅于茲土數百年來可無嗣響哉曩見
歸安楊生鳳苞所作百絕句援引極博研琢尤雅即許
爲可傳今少冠衰諸生作存四之一益以同時賡和者
共如千首付梓以示來學因序述少冤提唱風雅之盛
如此若夫山水方滋旗亭爭唱[illegible]韻事余又將[illegible]
嘉慶六年夏六月儀徵阮元序
枝詞昉於唐之中葉劉夢得白樂天皆以道吳
楚間山川節物士女謳吟思慕之致益[illegible]風騷之遺
意采詩者可以觀焉元楊廉夫放浪湖山首倡竹枝一
時和者百餘人大抵以[illegible]率爲工[illegible]所吟唱
而修湖志者摭而存之謂武林風俗如是也然迄今五
百餘年此音之不嗣久矣予在敷文講院因令諸同學
試效其體爲柳枝詞而崇文紫陽兩書院諸生爭相應
和各極其性情才調之所至可謂工且盛矣夫西湖之
勝聞於唐顯以宋元明遂爲東南都會山水之冠暨
本朝昇平日久富庶日滋且
兩朝
西湖柳枝詞　序　二

图 74　《西湖柳枝词》书影

垂柳拂水，碧柳含烟，“六桥烟柳”成为西湖特色美景。后人小心呵护，不断补种，还留下了一些有趣的小记录。明嘉靖年间，一个叫王钛的县令发布了一个很有意思的命令：凡是犯了小错的人可以通过在西湖边补种桃柳来抵罪。这个颇具人性的惩罚措施也算得上是一种生态美育了。阮元婉劝游人爱惜保护，并设专人负责管理和补种，“永为公案”，意思是这件事不得懈怠，要成为规章制度一直遵循。

张鉴为此特作《西湖种柳曲为阮师赋》，从白、苏二公说起，感叹西湖种柳历史及阮元大规模补植经过，称赞道：“昔人爱柳如爱民，使君爱民如古人。”时“湖海奇士”王昶主讲敷文书院，以西湖柳为题，让学生们作柳枝词。后阮元仿效其例，遍征两浙文士进行同题创作，浙江、江苏、安徽等地共有400多人参与，诗作数量有1600首之多。阮元将诗集《西湖柳枝词》共五卷刊刻出版，并亲自作序，在当时的杭州文坛领一时风骚。

湖中三岛，都是用疏浚西湖的泥土堆积而成的人工岛。不同的是，小瀛洲和湖心亭皆亭阁掩映，花木葱茏，成为经典的水上园林。独阮公在葑泥堆壅成岛后，并没有对泥层作后期的加固处理，除一度栽植木芙蓉外，岛上也没有特别的营造，植物自然萌发，候鸟择时来栖。一百多年来，不少人看着

图75　阮公墩旧影

这个约9亩的小岛荒芜着，内心不安，总想营造些什么。

广为流传的是清湘军将领、兵部尚书彭玉麟，这位勇猛善谋、清廉刚正的将帅还是位多情的才子，吟诗绘画，所画的红梅墨梅堪为一绝，寓居西湖期间也留下了不少楹联，如题平湖秋月："凭栏看云影波光，最好是红蓼花疏，白蘋秋老；把酒对琼楼玉宇，莫辜负天心月到，水面风来。"情景交融、文辞优美，是副好联。彭公钟情西湖，最早看中的正是清静之地阮公墩，打算在此建房养老。于是择日与亲家俞樾同赴岛上察看，没走几步就发觉脚下泥土有些松软，随手拿过撑船的竹篙往地上一刺，才稍用力，竹篙便应手入土。彭玉麟无奈对俞樾笑笑，说道："阮公墩真是'软'公墩哩！"这么松软的土质，在此建房是不可能了。经此周折，彭玉麟的"退省庵"最后建在了小瀛洲。彭公离世后，退省庵成为彭公祠，辛亥后改作浙江先贤祠，奉祀明末清初浙籍学者黄宗羲、齐周华、吕留良、杭世骏。

对此，百年后同为学者的林语堂倒是有不同观点，他在《论树与石》中高度赞赏阮公墩的"无为"之举，认为"在隐藏的技巧中看出艺术的智慧来"，表示要向大学者阮元致敬。他的原文是这样写的：

> 而（阮元）不愿使岛屿上有什么人造的东西，不要亭子，不要柱石，甚至连纪念碑也不要。他把自己的建筑家的名誉完全抹煞。阮公屿今日屹立于湖的中央，一片一百多码阔的平地，比水面高不到一尺，岛屿上四周满种着柳树。今日当你在多雾的天气中眺望时，你会看见那个奇幻的岛屿好像是由水中浮起来似的，柳树的影儿反映于水中，打破湖面的单调，同时又与湖面调和。因此，阮公屿是与大自然调和的。

有巧就有拙，林语堂此文中还有另一段话，抨击当时湖上位于阮公墩附近的另一建筑西湖博览会纪念塔，认为它有碍观瞻，每次看见都不舒服。并玩笑道如果某天做了土匪将军，第一件事就是炮轰灯塔。林语堂自然没有做土匪，不过被他多次诟病的纪念塔早已于1965年拆除。

阮公墩没有硬化基础，没有修建构筑物，阮元是否有意为之已不得而知，但客观上正如林语堂先生所评价，这种做法是对生态的最好保护，两百年后回头看，仍值得一书。

这是阮元在浙江任上的最后一年为西湖做成的一件实事。如今，阮公墩遗世独立般地存在着，没有游人打扰，保持着自然生机和意趣，岛上绿树生烟，野花烂漫，鸬鹚振翮，鸟雀啁啾，别有一番动人的景致。远远眺望，“阮墩环碧”郁郁葱葱，犹如翡翠镶嵌于湖中。

图76　阮公墩

灵隐书藏惠士林

清嘉庆十四年（1809）五月，杭州文化界津津乐道一桩美事——西湖边的灵隐寺新设了一座藏书楼“灵隐书藏”，对外开放，不论身份都可以在内借阅。

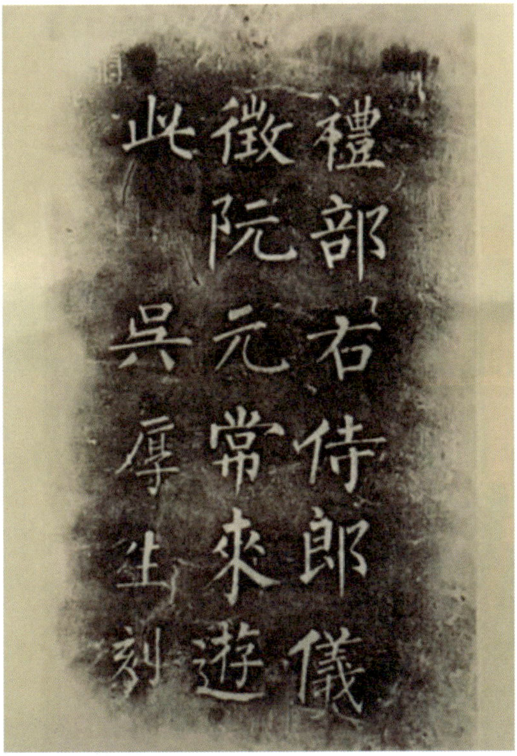

图 77　灵隐“礼部右侍郎仪征阮元常来游此”拓片

中国古代，藏书大致有四大体系：官方藏书如西湖边的文澜阁；私家藏书如宁波天一阁；书院藏书如万松书院的存诚阁；寺院藏书如灵隐藏经楼。这些藏书楼以藏为主，大多只对内开放，或者根本不开放。因此，“灵隐书藏”这种开放创举，马上吸引了士子们的眼球，一时间成为美谈。

事情还得追溯到当年的二月，仲春时分，江南草长莺飞，生机盎然，正是春笋尝鲜好时节，阮元约了顾星桥、石琢堂、陈桂堂、郭频伽、何梦华等友人西湖踏春，在灵隐食蔬笋。走在树木阴翳的古道上，一路涧流淙淙、鸟鸣阵阵，令人神清气爽，阳光透过林间缝隙洒下星点光斑，落在依山而建的古老而又恢宏的殿宇上，与热闹的法会形成反差，竟有种超然物外的静谧和庄严。

图78　翁方纲像

一行人边走边聊着近期即将刊印完成的文集，同行的紫阳书院院长石琢堂突然想起翁方纲前不久给他的信，说：“巧了，翁兄的《复初斋集》也马上要刻好，他希望放一部在灵隐寺里，大家看看这事怎样？”

翁方纲是清代著名的学者、书法家和金石学家，也是阮元交往较密的师友之一。翁长阮元三十一岁，乾隆年间，阮元通过好友凌廷堪的举荐结识了翁，其才学得到翁的赏识，后阮元接替翁任职山东学政。两人无论是从政经历还是学术兴趣都有契合之处，很快成了忘年之交。作为晚辈的阮元常常将寻获的金石、拓片、彝器、铭文等寄示翁方纲，与之商榷考订、切磋学术。

文人藏书寺院在中国也有一定的传统。深山古寺，相对清净幽谧，受外界纷争干扰较少，也利于书籍的保存。翁方纲之所以要藏书灵隐，应该也是出于同样的

图79　灵隐寺山门旧影（杭州西湖博物馆总馆藏）

想法，希望这一方世外桃源能够让书籍流传更久，不致湮灭。始建于东晋咸和元年（326）的江南名刹杭州灵隐禅寺，背靠北高峰，面朝飞来峰，隐于山林，环境清幽，存有自五代至元的石刻造像近四百尊，是我国南方古代石窟艺术的宝库。如此文物荟萃、清规森严之地，作为藏书之所最好不过了。

同行的各位与翁皆相熟，石院长一提出，大家都认为这是件好事，有人附和："司马迁《史记》完成后，藏正本在名山中；白居易把《白氏长庆集》分藏在庐山东林寺经藏院、苏州南禅寺经藏、东都胜善寺钵塔院律库楼等处；而唐人旧藏古文章《古文苑》就是因为藏于佛寺经龛才得以流传后世。确实，藏书山林寺院更利于作品流传后世。"也有人建议："如果有人愿意把自己的著作、收藏的书籍也放在灵隐，集中收集，那更是一件大好事了。"

阮元听后说："这个建议好，那就单独办个可以对外开放的藏书楼。一来方便大家藏书，二来现在有不少寒门子弟买不起书，刚好可以满足他们读书的需求。"大家越聊越高兴，于是立马联系住持开始选址。住持推荐大悲阁，大悲阁偏隅寺院后侧，热闹的法会过后更显安静。阮元当即拍板，在阁后造藏书木橱，并向学术界发出邀请，凡是愿意把自己编写、刊刻、收藏之书藏于灵隐的，都满足他们的要求，以期使灵隐藏书蔚为大观。

以阮元当时在浙江的社会地位，此事得以迅速推进。很快，灵隐寺大悲阁内，七十个藏书大木橱造成，阮元题阁名"灵隐书藏"。

关于"书藏"之名的来历，又不得不说到与杭州感情深厚的苏东坡了。吴越钱王的子孙中有一位名叫钱龢，曾任龙泉知县，为官为民着想，又喜读书，建有藏书阁，据说藏有万卷书。时值苏东坡任杭州知州，便欣然为此阁命名"钱氏书藏"。"灵隐书藏"之名借此而来。

四月初十，阮元会同顾星桥、陈古华、石琢堂、张鉴、朱椒堂、蒋秋吟等一行十余人在西湖第一楼集会后至灵隐，查看书藏情况共议书藏管理事宜，直至夕阳西下，尽兴而归。众人均有赋诗纪事，阮元在《灵隐置书藏纪

图80　灵隐寺大悲楼及其藏书

事》诗中，再次强调了设立书藏的必要性：“舟车易遗亡，水火为患难。子孙重田园，弃此等涂炭。朋友诺黄金，文字任失窜。或以经覆瓿，或以诗投溷。当年无副本，佚后每长叹。”并畅想着书藏泽被后世的动人场景：“他年七十厨，卷轴积无算。或有访书人，伏阁细披看。古人好事心，试共后人论。”

阮元后在《杭州灵隐书藏记》一文中，详细记录了书藏设立的经过、参与人员等，并具体列出了管理细则：

以唐人“鹫岭郁岧峣”诗字编为号，送云林寺玉峰、偶然二僧簿录管钥之。别订条例，使可永守。复刻一铜章，遍印其书，而大书其阁曰“灵隐书藏”。盖缘始于《复初》诸集，而成诸君子立藏之议也。遂记之。条例：一、送书入藏者，寺僧转给一“收到”字票；一、书不分部，惟以次第分号，收满“鹫”字号厨，再收“岭”字号厨；一、印钤书面暨书首叶，每本皆然；一、每书或写书脑，或挂绵纸签，以便查检；一、守藏僧二人，由盐运司月给香灯银六两，其送书来者，或给以钱，则积之以为修书增厨之用，不给勿索；一、书既入藏，不许复出，纵有翻阅之人，但在阁中，毋出阁门，寺僧有鬻借霉乱者，外人有携窃涂损者，皆究之；一、印内及簿内部字之上，分经、史、子、集填注之，疑者阙之；一、唐人诗内复“对天”二字，将来编为“后对”“后天”二字；一、守藏僧如出缺，由方丈秉公举明静谨细知文字之僧充补之。

从以上阮元自书，大致可以梳理出灵隐书藏的管理制度：

其一，管理。日常管理由寺院承担，由两名寺僧专职掌管登记簿册和钥匙，每人每月给予香火钱六两。如有离职，由方丈选派严谨细致的僧人补缺。

其二，收书。赠书者，颁给一张“收到”的字票作为凭证，类似于今日的收藏证书。每本书的封面和首面均敲上书藏的专用印章作为标志，类似于“××图书馆藏”印。书上挂绵纸标签，便于检索，类似于今日书籍脊背的检索条。

其三，编目。书的编目排次颇有灵隐寺的特征。书橱按照唐代诗人宋之问《灵隐寺》诗句的字序编目，这首五言律共有七十个字，正好与书柜对应。

其四，借阅规则。可以在藏书阁中借阅，不得外借，类似于“阅览室”。

书籍只进不出，一旦发现损毁、涂污、偷窃书籍者，必须追究责任。

其五，经费。由盐运司支出，如果赠书者同时捐钱，集中管理用于改善或增加设施。

这些条例言简意赅，切中要领，对于书籍的保护起到了重要作用，由此可见阮元对管理书藏确实也有研究。他的这些经验从何而来呢？不妨来看一看他与宁波著名私家藏书楼天一阁的渊源。

图81 《天一阁图》

天一阁自明嘉靖年间建阁至新中国成立的近四百年间，获准登阁的官僚、学者仅十余人，阮元是其中之一。阮元曾多次前往天一阁，翻阅书籍，还命人编制书目，对天一阁的管理制度也有深入分析。他总结天一阁藏书不散的原因有三：

此阁构于月湖之西，宅之东，墙圃周回，林木阴翳。阁前略有池石，与阛阓相远，宽闲静闷，不使持烟火者入其中，其能久一也。

又司马（范钦）没后，封闭甚严，继乃子孙各房相约为例，凡阁厨锁钥，分房掌之。禁以书下阁梯，非各房子孙齐至，不开锁。

夫祖父非积德则不能大其族，族大矣而不能守礼读书，则不肖者多出其间。今范氏以书为教，自明至今，子孙繁衍，其读书在科目学校者，彬彬然以不与祭为辱，以天一阁后人为荣，每学使者按部必求其后人优待之。

阮元在《宁波范氏天一阁书目序》中说道："余自督学至今，数至阁中翻所藏书，其金石拓本当钱辛楣修《鄞县志》时，即编之为目，惜书目未编。余于嘉庆八、九年间命范氏后人登阁，分橱写编之，成目录一十卷。"这篇序写于嘉庆十三年（1808），也就是灵隐书藏设立的前一年。阮元借鉴了其中一些可取的管理经验，但并未照搬天一阁的封闭政策，而是以开放的姿态普惠读书人。

灵隐书藏的建立在当时的杭州是一桩盛事。郭麟、翁方纲、陈文述、杨凤苞、张鉴、李富孙等众多学者、藏书家纷纷赋诗作文纪事。陈文述多次入藏，称赞："涌翠虚窗八面开，缃云珍重古兰台。境依灵苑仙居胜，梦入琅嬛福地来。"吴嵩梁表示："湖山管领兼文字，愿作云林簿录僧。"杨凤苞赞叹："香山寄东林，风流昔者尚。学士寓书来，私心窃相况。"可见，灵隐书藏环境宜人，清新幽雅，非常适合书籍的收藏与阅览，深得读书人的喜爱，文人士子纷纷捐出自己的著作，把送书入灵隐视为引领一时风尚的事。文人的流连题咏成为书林和文坛雅事，也促进了书藏的宣传和推广，增加了灵隐书藏的文化底蕴。

阮元对此项工作倾注了极大的热情，他致力于文教，编撰刊刻作品数量众多，且内容广泛，涉及金石篆刻、经史训诂、地方志纂、今人著作等等，包括诂经精舍的每期文集；同时，还协助刊刻了一众学者如钱大昕、张惠言、汪中、刘台拱、凌廷堪、孔广森等的著作，全都藏于灵隐。作为一名学者型官员，阮元身边集聚了大批志同道合的学界俊彦，他们或主动提供书籍或互邀藏书灵隐，鼎力襄助书藏的建设。比如清著名学者王引之的经典之作《经义述闻》，他的朋友汪喜孙就建议藏一部在西湖（即灵隐）书藏，并认为这是“此千万世之长策也”。灵隐书藏很快积书盈房，一时名震东南，影响深远。清藏书家、词学家曹言纯评说：“大庇寒士心，倍胜广厦多。络绎捆载至，缃帙填层阿。”

然而，历史似乎与阮元开了个玩笑。藏书于名寺的初衷是为了避免“《尚书》未百篇，《春秋》疑断烂。列史志艺文，分卷本亿万。传之千百年，存世不及半”的厄运，但清咸丰十一年（1861），太平军的一把大火，“文澜阁书摧毁六七，而‘灵隐书藏’亦随龙象俱灰”。光绪年间，浙江学政潘衍桐重操阮公旧业，续编《两浙𬨎轩录》，重建书藏，在藏书家丁丙的帮助下，广泛募集典籍，俞樾也表示“灵隐书藏有余全书”。潘衍桐将有关灵隐书藏的吟咏、纪事结集，编辑成《灵隐书藏纪事》。此后灵隐书藏的踪影还能在一些零散的资料中偶然闪现，但已是渐行渐远渐无声，再难复当年的盛况。1937年日军进入杭州，灵隐寺再度受劫，藏书散佚。

灵隐书藏的历史虽然不长，但因阮元的大力推进，其所产生的影响却是十分深远的。书藏对外开放、规章制度明晰，设有专职管理人员以及固定经费来源等，兼备收藏、保管和阅览功能，已带有公众文化服务机构的性质，略具近现代图书馆的雏形。

陈文述盛赞“两书藏与海内七阁并峙，儒林文苑仰若日星”。北京大学首创者、戊戌变法的领袖、中国近代教育之父李端棻在《请推广学校折》中也把灵隐书藏与收藏四库全书的七阁相提并论：“好学之士半属寒畯，购书既苦无力，借书又难，其人坐此固陋寡闻，无所成就者不知凡几。高宗纯皇帝知其然也，特于江南设文宗、文汇、文澜三阁，备庋秘籍，恣人借观。嘉庆间，大学士阮元推广此意，在焦山、灵隐起立书藏，津逮后学。自此以往，江浙文风甲于天下，作人之盛成效可睹也。”可见，灵隐书藏的设立，对推动江浙一带文化的广泛传播、士林学子的培养教育和类似藏书机构的建设发展，都起到重要作用，在一定程度上也振兴了浙江的文教。

灵隐书藏的创建直接影响了后续一批藏书楼的建设。清嘉庆十八年（1813），阮元改任扬子江口漕运总督后，在镇江设立了焦山书藏，同样对外开放。而后各地兴起的书藏，如上海嘉定的安亭书藏、广州菊坡精舍的菊坡书藏、广东惠州的丰湖书藏等，都继承了灵隐书藏的经验，打破封闭走向开放，在传承与发展中逐步形成了具有现代意味的新型公众文化服务机构。

曾将诗句结风流

文坛泰斗、杭州才子袁枚十分赞赏阮元的诗才，他把阮元的诗作收录于《随园诗话》，得知阮元要任浙江学政，曾感叹道：“余为钦迟不已……吾乡多士，得一宗工，当何如抃庆耶？”意思就是说，我对阮元十分钦佩，杭州出了许多有才华的人，现在又来一位文坛巨匠，大家应该击掌相庆了。当时的阮元刚过而立，就能得到前辈袁枚如此高的评价，足见其才识不凡，已蜚声士林。

地处江南的杭州，山水园林中蕴含着无尽的诗情画意，文教自古兴盛，

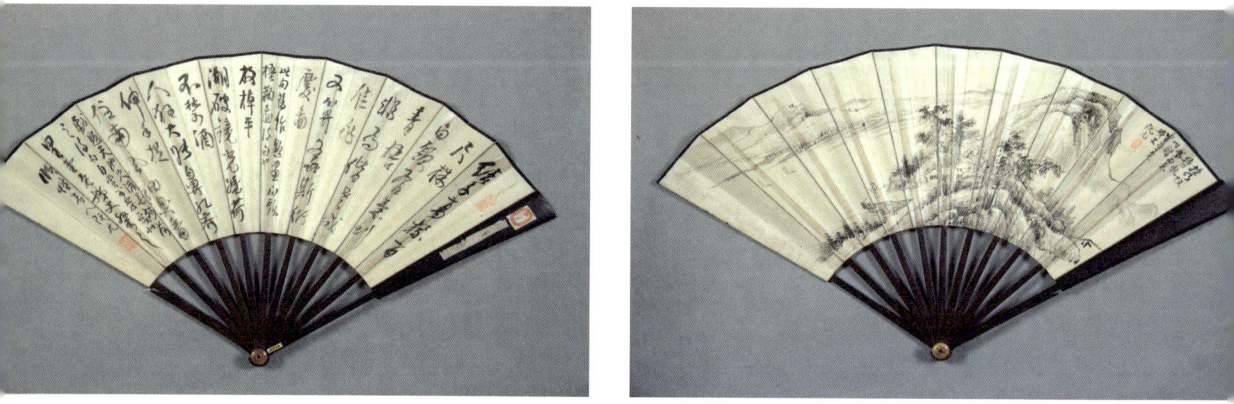

图82　清阮元书法山水扇（浙江省博物馆藏）

文人才子辈出。阮元在此如鱼得水，虽为地方行政长官，却深耕学问，雅好风骚，对人才又不吝提携，海内士子慕名前来，阮元身边集聚了一大批有真才实学的人才。这些同道中人与阮元互相唱和、切磋学问，为阮元的施政出

谋划策，不仅辅佐阮元理政治事，也振兴了浙江的文教。诗歌是阮元表情达意、记叙生活和工作的重要方式。在浙十多年，阮元的创作激情和才华都得到了极大的发挥，诗文创作在质量和数量上都达到了个人的高峰。他在浙江的生活和从政轨迹、他的交游和学术思想，都体现在诗文之中。

西湖边的学署，悬挂着恽寿平摹元人的《万竿烟雨图》，是在一次春宴中乾隆皇帝的御赐，阮元细细体悟其中深义，敬题：

雨山云欲流，奔泉出其麓。
沙石余青苍，润气满林竹。
御园依玉泉，龙箨森如束。
每因扈跸游，得以豁尘目。
癸丑衔使命，济泺溅行毂。
城西习游处，篠篍盖泉屋。
乙卯冬至浙，小住西湖曲。
三里五里中，尽是筼筜谷。
置臣于此中，天意不令俗。
慨然思有斐，何以瞻淇澳。
雪余冰署清，石渠画共读。
分题得此君，烟雨迈尺幅。
洒然襟带清，穆若须眉绿。
人间与天上，领取臣皆足。

这是有据可查的阮元在杭州所作的第一首诗，“森森万木种清和”，恽寿平的画作冷淡幽隽，注重在景色的描绘中寻求与古人精神上的交流，以竹喻人，将人生态度寄托于山水之中。阮元感念皇帝的拳拳情义和殷切希望，表示所居的西湖边修竹成林，这样的环境应是“天意不令俗”，感沐皇恩、忠贞不贰之心无论“人间与天上”都矢志不渝。

剿灭海盗、宴清海内，是阮元在浙江巡抚任内的重要使命。清嘉庆六年（1801），三十艘新式“霆船”建成并运回浙江，军威大震。阮元亲自验收，随即赋诗《登镇海招宝山阅新造水师大舰》：

怒涛如雪拥蛟门，百道楼船过虎蹲。
旗鼓一新人气壮，风云四合炮光屯。
句章郡县来相望，横海将军许细论。
果使水犀腾浪去，不教海外有孙恩。

浙江水师自阮元整顿以来，军容焕然一新，如今新添战舰，更是士气大振。阮元此诗正写出了官兵众志成城斗志昂扬的精神面貌，也表达了驾驶新战舰建功立业剿灭海盗的决心。他指挥战时运筹帷幄，对敌时智勇双全，为政时仁厚爱民。浙江虽是鱼米之乡，但地处沿海，季节性台风较多，雨季时内地又常被洪涝侵扰，因此百姓也常因自然灾害而流离失所。阮元在大力开展救灾工作的同时，也写下了一些反映当时情况的诗歌。

同是嘉庆六年，浙东地区因连日大雨，造成山洪暴发，阮元一方面颁布措施，减免受灾地区百姓的赋税等，另一方面又以身作则，倡导捐献俸银，赈济灾民。这首《行赈湖州示官士》反映了他当时的心境，表达了爱民为民的执政理念：

天下有好官，绝无好胥吏。
政入胥吏手，必作害民事。
士与民同心，多有爱民意。
分以赈民事，庶不谋其利。
吴兴水灾后，饘粥良不易。
日聚数万人，煮糜以为食。
士之任事者，致力不忍避。
与官共手足，民乃受所赐。
澹台不由径，公事本当至。
闭户独善者，亦勿强相致。

孤山西湖行宫维修后，阮元以一首《修西湖行宫毕奉安仁皇帝纯皇帝龙牌恭纪》表达了对康乾盛世的尊崇，和对国家长治久安的寄望。

两朝德泽满南中，越水吴山御舫通。
县圃马归犹勒石，鼎湖龙去尚遗弓。
百官载主来行殿，双辇扶轮过梵宫。
岂似连昌旧词客，风前但咏落花红。

这年冬季，天气异常，冬月仍无雪。事关农业，阮元有些焦虑，腊月初一清早即入天竺寺祈雪，期待着有一场瑞雪到来。西湖上天竺是著名的观世音道场，相传有祷辄应，苏东坡在杭时就有雨久祈晴、冬日祈雪的记录，均

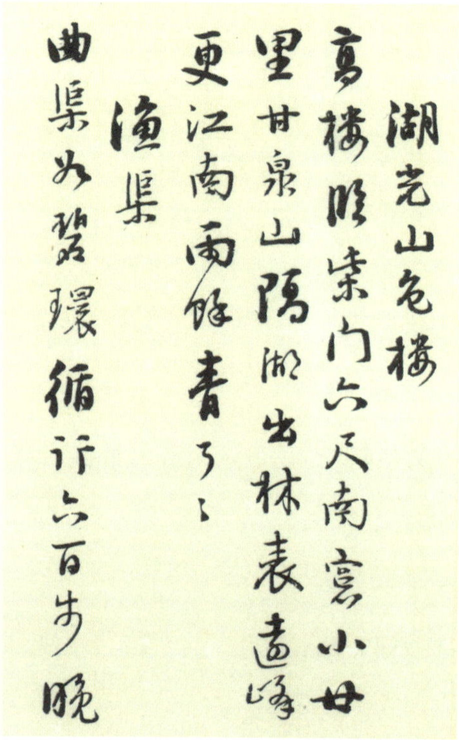

图83　阮元西湖诗稿墨迹（浙江图书馆藏）

有灵效。阮元出得山来，途经诂经精舍，进楼看望藏书家顾广圻、经学家臧镛堂，顺带讨论《十三经注疏》的编纂情况（时顾与臧应阮元之聘，正于精舍协助《十三经注疏》校勘）。茶刚煮上，忽见窗外雪花纷飞，果然是有祷辄应。阮元欣喜万分，以一首得雪诗记录祈雪情景：

残岁山峥嵘，陈迹两年合。
峰峦泄春气，一雪复成腊。
空谷无行人，白光冻千衲。
出山入精舍，拂衣花满榻。
延宾有陈蕃，下车愧卫飒。
煮茶说群经，郑志互问答。
登楼对南屏，还见去年塔。
颓云泼墨浓，图中认王洽。
抚景触愁怀，乡园户空阖。
慈竹压墓门，风雪定纷杂。

冬季初雪是一件影响广泛的大事，关系到小麦越冬，而在江南，初雪净化空气的作用也会对疾病传播及病虫害起到抑制作用。因此，阮元第一时间上表“得雪”奏章，以示庆贺。嘉庆皇帝特意回折给予鼓励：“卿在浙宣力治民，公正勤慎，允宜仰叨大士默佑，降此瑞雪兆丰也。”言下之意，是阮元的勤政为民感动了观音大士。

坐落于西湖边的诂经精舍，是阮元培养新型学术人才、传播学术理念的重要场所，“出山入精舍，拂衣花满榻”，“煮茶说群经，郑志互问答”，在西湖的山水胜景里谈经论道，不仅仅是学业上的修行，更是在山水中洗涤净化心灵，进行着人生的修行。

精舍后的“西湖第一楼”，坐拥一湖风雅。这里也成为阮元接待访客、举行文宴的重要场所。一时间谈笑有鸿儒，往来无白丁，留下了不少美谈和佳作。嘉庆六年（1801）正月，诂经精舍刚开办，就迎来了清代诗坛的重量级人物——有“诗佛”之誉的吴嵩梁，阮元慕其诗才，宴于第一楼，陈鸿寿等人作陪。席间吴嵩梁展示《西湖饯春图》，此图作于嘉庆三年（1798）春，其时吴嵩梁驻游西湖，与何元锡、陈鸿寿、郭频伽等于西湖饯春，赋诗纪兴。本约好参加的奚冈因事未到，后作图补记，录入诗作。后有多人题诗于画，阮元有题图诗：“湖似诗常好，春如人易归。六桥红雨歇，三月绿阴肥。把盏理吟箧，题襟联夹衣。浮踪愁未定，双桨白鸥飞。”当日，吴嵩梁以诗作谢：

饯春人别已三年，重载清尊入画船。
新水绿添湖雨后，梅花白到寺门前。
云山供养归生佛，楼阁空明倚谪仙。
留取瀛舟佳话去，诗成都在鹭鸥边。

公务之余，阮元足迹遍及西湖山水。面对西湖胜景，阮元诗兴大发，写

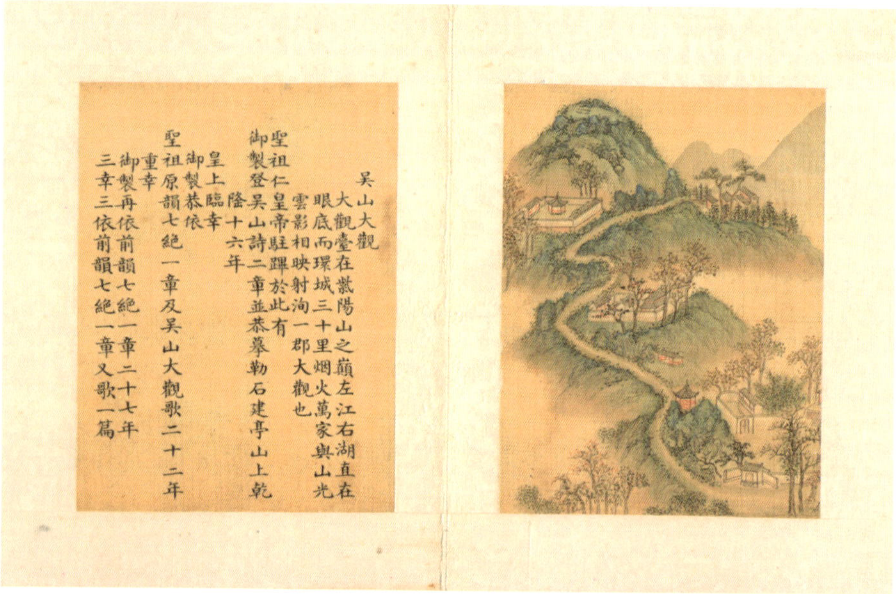

图84 《禹航胜迹》中的吴山大观（杭州西湖博物馆总馆藏）

下了数十首诗作，晨昏晴雨，春夏秋冬，或独游，或朋聚。

嘉庆元年（1796），阮元晓登吴山又泛舟入西湖：

破晓登吴山，来风力尚微。

扁舟入西湖，泠然吹我衣。

西北双峰高，雨气犹霏霏。

东南倚山郭，隐隐明朝晖。

飒然长风至，与波相因依。

初日忽潋滟，败云自翻飞。

柔橹划清朗，照明山四围。

江湖卑湿气，廓然空所归。

归来日未午，园林地渐晞。

抚我壁上琴，燥气生金徽。

此时的阮元来杭不久，尚未有后来巡抚任上的繁杂公务。这首诗语言浅近，朗朗上口，传达出雨过天霁时轻松愉悦的心情。

阮元曾经的办公地点学署和抚院都在吴山脚下。吴山不高，临城面湖，一边万家灯火，一边襟江带湖，既可观西湖月满，又能望东浙潮来。吴山也成为阮元最爱去的地方之一，或晨起登山健身，或忙碌后放松游览。留下了不少描写吴山的诗作，如《晓雨后登吴山》：

足下峰齐列，云中日未生。

万家残梦歇，五月晓寒轻。

草木宣山气，江湖纳雨声。

若非登眺远，空自卧严城。

早起似乎是阮元的习惯，此时尚未日出，草木朦胧，远处的江湖均笼罩在蒙蒙烟雨中，淅淅沥沥的雨声更突显了周遭的宁静。换个角度看世界，在五月清晨的这个时刻，山下的城市尚未苏醒，寂静的世界中，为自己留一方思考的空间。或许，这也是阮元偏爱吴山的原因吧。

“西湖最盛，为春为月。一日之盛，为朝烟，为夕岚。”袁宏道曾总结，西湖最美的时间是春天和月夜，一天之中最美的时刻是烟雾迷蒙的早晨和夕阳笼罩的傍晚。月夜独自泛舟西湖也别有一番风味：

图85　湖心亭旧影（杭州西湖博物馆总馆藏）

独拿小艇过西湖，狎鹭盟鸥好画图。
云影远浮双塔动，水光闲浸一山孤。
白苏磊落情非昔，韩贾荒唐事也无。
酒盏笙歌多歇绝，士民岑寂长官迂。

夜已深，湖上笙歌燕舞的画舫大多歇息了，湖岸的百姓人家也已进入梦乡，阮元独自驾舟划过寂静，与鸥鹭做伴，双塔对孤山，磊落与荒唐，于无声处更易发思古之幽情，作见贤思齐之感。

更多的时候，三五好友、文人幕宾宴会雅集，或祭拜先贤，或优游酬唱，或鉴古研学，西湖也成为阮元广结文士、吸纳贤能的重要平台。从时间看，这些活动大多集中于公务相对轻松的学政期间。例如，嘉庆二年（1797），阮元与方薰、吴锡麒、秦瀛、陈延庆、程振甲等人夜游西湖，有《七月十一日同人过西湖晚泊湖心亭看月》两首记事：

其一

湖心有客夜停船，白露如烟月满弦。
风里云霞无定色，水中星斗落高天。
直愁银汉浮身去，惟见金波著地圆。
亭是月中仙树影，四围虚湛玉轮全。

其二

座中仙侣认瀛洲，一片清光共举头。
极浦荷花腾夜气，出怀词笔破凉秋。
人因地胜方能聚，景是天开恐易收。
来有浮云归遇雨，三更霁色为君留。

此前的七月初三，阮元曾与秦瀛、陈桂堂、吴锡麒雨中游湖，但见烟雨迷离，山水朦胧，近物远景皆若隐若现，吴锡麒感叹："此所谓晴湖不如游雨湖也。"阮元欣然续道："然则雨湖不如游月湖乎？"因此相约，有了当日的

图86　韬光寺山门旧影（杭州西湖博物馆总馆藏）

夜游。皓月当空，一行人泛舟湖上，清风徐来，荷花静开，至湖心亭赏月，同游者或作画——方薰作《西湖泛月图》，或作文——吴锡麒作《西湖泛月图》记，兴之所至，纷纷吟咏诗词，何等畅怀！此时的西湖，就如传说中的仙山瀛洲，正所谓“人因地胜方能聚，景是天开恐易收”。次年六月，同行者重游夜西湖，在湖心亭把酒言欢、赏画赋诗追忆旧游。

嘉庆三年（1798），阮元任满还朝，朋友在西湖为其饯行，阮元作诗分赠各友人，并志别：

谁家有此好湖山，况是西湖竹阁间。
秋水正宽情共远，宾鸿初到客将还。
汪伦潭上舟迎岸，辛渐楼头酒照颜。
为问净慈古开士，再来我可不缘悭。

这首诗情真意切，阮元面对西湖山水，感慨万千，对浙江、对西湖有着深深的眷恋与不舍，更是借用李白与汪伦的典故表达了与朋友的深情厚谊，最后还通过借问佛祖的方式表达再来西湖的意愿。看来佛祖也是听到了阮元的心声，一年以后，阮元果真重返浙江。

一年四季，湖边留下阮元徜徉吟哦的身影。春色如许，阮元与友人同游西湖，从《秦小岘观察（瀛）招游西湖晚谒表忠观适钱裴山同年（楷）过访未值有诗见投报以一律》中可见他游湖的心境：

天使浮云自往还，春晴喜借一舟闲。
共舒中禁灯前目，来看西湖雨后山。

吾辈冠裳烟水上，君家祠宇竹松间。

好将千首新题句，都就诗人仔细删。

夏日西湖，自有一番热烈，阮元独喜韬光那份清凉，多次上北高峰至韬光，并留题《韬光观海画卷》：

潮声不到北高峰，惟见楼头海日红。

健足直凌山色外，诗情浑付竹光中。

胸前泉石千层起，眼底江湖一望通。

欲学乐天游两寺，那堪吟眺总匆匆。

秋至西湖，满城丹桂馨香。诗人舟行湖上，落日辉映着三面青山，流霞缤纷，无须靠岸寻花，自有秋风送来阵阵清香。阮元有感而发：

三面青山倚夕阳，桂花天气半温凉。

不须泊岸寻花去，湖上秋风镇日香。

北风吹来梅花香，西湖的冬日仍然有“一年好景最相关”的时候，那便是去孤山拜苏公祠时，阮元以诗祭之：

西湖腊后待春还，寂寂祠堂竹石间。

澹荡闲情如远水，峥嵘残岁似寒山。

几枝柔橹摇清响，百树梅花破冷悭。

记取坡公此生日，一年好景最相关。

道光十二年（1832）二月，阮元在滇南节署宜园为陈文述《西泠怀古集》作序，回首离开西湖这二十年来，屡移节钺，历经三楚两粤黔滇，感叹道：“非无名山大川开拓心胸，而求其冲和蕴蓄，足以涵养性情如西湖者，未可再得。鹫峰结夏，龙井寻秋。回首旧游，恍然如梦。读君此集，益增我泉石盟心之契，烟霞怀旧之情矣。”

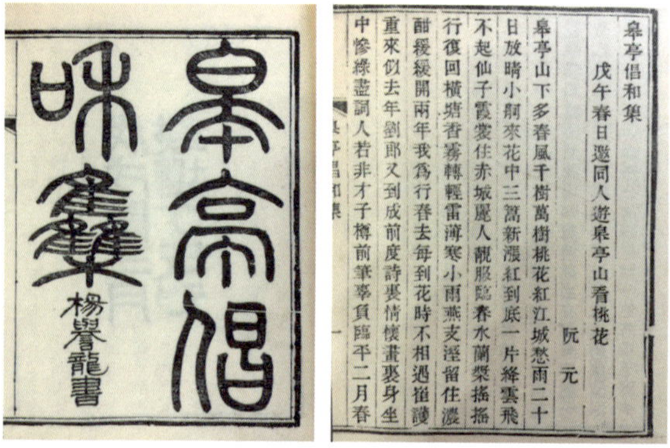

皋亭倡和集
戊午春日邀同人遊皋亭山看桃花
阮元
皋亭山下多春風千樹萬樹桃花紅江城愁雨二十
日放晴小舸來花中三篙新漲紅到底一片絳雲飛
不起仙子霞裳住赤城麗人靚服臨春水蘭槳搖搖
行復回横塘香霧轉輕雷薄寒小雨燕支溼留住濃
酣緩緩開兩年我爲行春去每到花時不相遇猶讀
重來似去年劉郎又到成前度詩裏情懷畫裏身坐
中慘綠盡詞人若非才子樽前筆寧負臨平二月春

图87　《皋亭倡和集》书影

西湖之外，杭城还有一处景致深得阮元的喜爱，那就是位于杭城东北部的皋亭山，这也是一处风景优美、文脉深厚的地方。旧时山上遍植桃花，每逢春日，桃花盛开，红遍半山。自宋以来就有“皋亭观桃”的习俗。清代，“皋亭之桃”又成为杭城湖墅三胜地（西溪之梅、河渚之芦）之一，被称为“红雪”或“绛雪”。

春日桃花烂漫时，阮元也常与好友于此行修禊之礼，赏花、作画、赋诗，如是经年，创作出许多脍炙人口的诗作，汇编成《皋亭倡和集》。如作于嘉庆三年（1798）的《半山桃花十余里，春仲偕人两次来游，元和蒋蒋山（徵蔚）、武进陆祁生（继辂）、陆绍闻（耀遹）皆有图咏记事，因题册中》：

皋亭山下多春风，千树万树桃花红。
江城愁雨二十日，破晴小舸来花中。
三篙新涨红到底，一片绛云飞不起。

仙子霞裳住赤城，丽人靓服临春水。
兰桨摇摇行复回，横塘香雾转轻雷。
薄寒小雨燕支湿，留住浓酣缓缓开。
两年我为行春去，每到花时不相遇。
崔护重来似去年，刘郎又到成前度。
诗里情怀画里身，坐中惨绿尽词人。
若非才子樽前笔，辜负临平二月春。

或是巡查海塘后，坐船由上塘河回杭州，途经皋亭赏花吟咏，如《廿三日自海塘回舟晓过皋亭复成一律》：

蓬背东风太紧，晓来桃柳横斜。
溪头飞泽红雨，山平飘残绛霞。
流水一年春色，武陵何处人家。
莫讳洞口渔父，且看纷纷落花。

阮元在浙期间的诗作多收录于《定香亭笔谈》和《揅经室集》中。浙江学使署西园，花木丛生、环境清幽，园内有一荷池，池中有座飞檐翘角的小亭，四周修竹茂密，叶深羽翠。到了夏天，荷花竞放，清香宜人，这样的景色，颇有一番陆游“风定池莲自在香”的意境，阮元因此题名小亭为“定香亭”。定香亭是避暑佳地，也是阮元另一重要宴集之地。阮元喜欢在此阅稿校书，遇有宾客往来，茶果清宴、品读相娱，流连其间，不觉人间正是三伏天。定香亭见证了阮元群彦毕集、诗文兴怀的岁月。嘉庆五年（1800），幕僚将阮元的随笔集合成辑，分四卷收入阮元任学政期间的活动、师友间的优游唱酬、题画诗作等，名为《定香亭笔谈》。《揅经室集》则是阮元自编定稿的个人文集，经过阮元亲自择选和编辑，其一生著述，除他领衔主编的《经籍籑诂》《十三经注疏校勘记》《山左金石志》《两浙金石志》《畴人传》等书外，大都收入其中，比较全面地收录了阮元的诗歌创作，较为集中和系统地

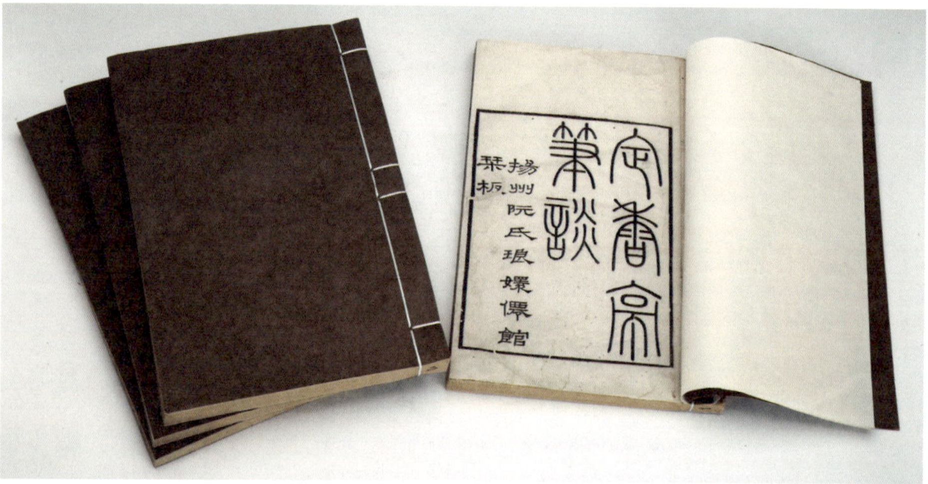

图88 《定香亭笔谈》书影（杭州西湖博物馆总馆藏）

反映了他的学术观点和治学方法。

阮元的诗歌创作以他的学术导向一以贯之，根植于现实生活，不矫揉造作，多采用白描、叙述的手法，用典故也不晦涩。他尊崇白居易和苏轼，受这两位文学大家的创作风格影响，他的诗歌清华婉丽，雅俗共赏。

煮茶独隐为避寿

至臣四十岁时浙江巡抚任内，凡寿日皆茶隐于外。五十隐于漕舟，六十隐于兼粤抚之竹林，七十在黔溪雪舟中，终身避此哗嚣之境。及今八十二岁，茶隐于长芦庵，巧遇于溪山瑞雪之景，是六十年前圣人随手分赐之件，即定臣终身茶隐之局。

道光二十五年（1845）正月二十，已退居老家仪征的阮元选择在礼祀洲（今世业洲）长芦庵过八十二岁的茶隐日。礼祀洲是长江中的一个冲积小岛，岛上建有长芦庵，当时也是阮家的产业。舍船登洲之际，恰逢天降大雪，雪花纷纷扬扬飘落在芦苇荡上，远山近水很快掩映在一片美丽的洁白中。此情此景似曾相识，阮元眼前闪过杜琼那幅孤寂萧索的《溪山瑞雪图》，颇为感慨地回忆起五十年前的一桩往事，在垂暮之年，对其寿日茶隐的发端和经历作了开头的这一段总结。

那是阮元曾经历过的一次盛大的宫廷春节茶宴。乾隆五十八年（1793）正月，朝廷照例在重华宫举行茶宴，乾隆取登瀛十八学士之意，邀请了十八位王公大臣参加，阮元也在被邀之列。春节茶宴是旧时宫廷习俗的一部分，也是每年正月最为重要的一次君臣迎新雅集活动。清《国朝宫史·典礼卷》记载："每岁新正特召内廷大学士、翰林于重华宫茶宴联句，奏事太监预进名签。既承旨，按名交奏事官员宣召入宫祗候，届时引入。"名签，即红、绿头签，每一签列有官职与名字，由南书房呈进皇帝钦定。能参加茶宴，与皇帝一起品茶联句，被看成是一种殊荣。茶宴开始后，乾隆起头，定下主题，群臣边啜茶边联句赋诗，有点类似于《红楼梦》中大观园群芳于芦雪庵赏雪联句的场景，只是一个赏景休闲，一个正襟危坐，氛围大不相同。茶宴最后，由乾隆判定高下，并据此奖赏。

茶宴所用之茶也不是普通贡茶，而是乾隆独创的“三清茶”。“三清茶”以贡品中的极品龙井茶为主，佐以梅花、松子和佛手，加雪水冲泡而成，寓

图89 〔元〕赵原《陆羽烹茶图》(台北故宫博物院藏)

意清雅高洁。所用茶具，也是特制的“三清茶壶”和“三清茶杯”。可以看出茶宴并不是纯粹地为了喝茶赋诗，而是别有一番深意在其中。对此，乾隆曾在《咏嘉靖雕漆茶盘》一诗的注中特地加以说明：“尝以雪水烹茶，沃梅花、佛手、松实啜之，名曰三清茶。纪之以诗，并命两江陶工作茶瓯、环系御制诗于瓯外，即以贮茶，致为静雅，不让宣德、成化旧瓷也。”可见用心之良苦。

这年，阮元三十岁，入宫刚四年，任詹事府詹事（正三品）入值南书房，以才识和谦逊的为人得到乾隆赏识。在当天的诗会上，他才思敏捷，应声作答。茶会结束，乾隆对于阮元的表现颇为满意，当场御赐杜琼（明代苏州画

家)《溪山瑞雪图》作为赐赏，并亲笔御题:“雪景溪山写杜琼，玉为世界不孤名。老翁驴背循溪路，输与凭窗望者情。”以茶涤心，以玉喻德。阮元现场所作之诗已无法考证，但重华宫茶宴通常只赐画一轴，因此，能成为唯一的获得者，这是一件非常荣耀的事。

这一日的茶宴让阮元久久不能忘怀。阮元感念乾隆对他的器重和赏识，也深刻体会到皇帝对他的殷切期望，深感肩头责任之重。在之后的仕宦生涯中，阮元常以此激励自己不负苍生，清正为民。这或许是阮元最后一次参加茶宴，五个月后，阮元结束了京官生涯，出任山东学政。由于此次茶宴离生日很近，阮元认为这就是他寿日茶隐的发端了。

而受重华宫茶宴的启发，阮元正式开始寿日茶隐已是十年之后的抚浙之时了:“至臣四十岁时浙江巡抚任内，凡寿日皆茶隐于外。”阮元明确把杭州作为寿日茶隐的开始。

那一年又有什么不同?

嘉庆初年，浙江政事可以说处在内忧外患之中，海塘失修、多处告急，吏治腐败、亏空严重，特别是海盗袭扰沿海地区多年，势力猖獗。这一忙乎就到了四十岁。至嘉庆八年(1803)，阮元出任浙江巡抚已三年，一直处于政务重压之下:练兵固防、亲督缉匪;修整海塘、赈济水灾;清查库缺、整饬吏治……可以说没有片刻的停歇。

古人重礼，也特别重视寿辰。一般人家，除非家境特别贫寒，都会举办一定的仪式庆祝生日。官宦之家到了主人寿辰，更是喜欢隆重操办寿宴事宜，借祝寿在交际往来中稳定和扩充朋友圈，更重要的是，以祝寿之名，名正言顺地收受贺礼，这实为官员聚敛财富的一条捷径，也为僚属送礼开了方便之门。

其时，阮元在杭州任职前后已七年多，有大批相熟的文人故交，还有一群绞尽脑汁妄想攀附的官吏，正想寻找门路，送礼巴结。正因深谙此中门道，阮元在抚院重重设卡，层层置防。更兼在打黑防腐的节骨眼上，再开个生日趴，确实也不合适。所以，在幕僚和友人们谋划着为他热热闹闹做寿时，阮元却坚辞不允，明确表示，不办寿宴，不收贺礼。

到了正月二十这天，阮元大清早就离开衙署，独自前往海宁海塘工地巡查。初春的早晨，春寒料峭，马车碾过冰冻的泥路，发出吱嘎的脆响。等到日上三竿，还是有好事之人前往衙署祝寿，却吃了闭门羹。

此时的阮元正伫立在海塘边，江风凛冽，面对滔滔江水，想到同生日的白居易和其作于四十岁时的《白发》诗："书魔昏两眼，酒病沉四肢。亲爱日零落，在者仍别离。"一时感同身受，颇有些伤感。治学、理政，过度的操劳，已让壮年的阮元体力不支，睡眠和饮食都不如从前，因此更为深刻地认识到修身养性、不以"屏幛宴乐为美"的重要性。

此次寿日避客，远离了烦琐的应酬，在江边漫步，看潮起潮落，很是自在。阮元感觉很好，由此立下了"寿日茶隐"的规矩，往后每逢生辰，自行放假，闭门谢客，不受僚属庆贺，拒绝送礼访问。阮元后半生的生日，五十岁在运河漕船，六十岁在广东竹林，七十岁在贵州溪雪舟中，八十岁在公道竹园，或游历山寺或煮茶竹林，自称"茶隐"，即隐之于茶，借茶障世，年年如此，成为常例，直到去世。

纵观阮元的"一日之隐"，也并不是单纯地煮泉品茶，而是每年选一处安静之所避客，于繁忙的政务中偷得一日清闲，作画赋诗或游历访碑，与家人或二三好友品茗闲谈，以茶饮荡涤心胸，洗去俗世之纷扰，也避收各式寿礼。

自此，阮元的一生都与茶结下了不解之缘。阮元喜茶，更喜爱茶中蕴含的真味。他仕途通达，身居高位，却始终能洁身自律，终其一生，没有受到过“六科给事中”的弹劾。相反，还常常拿出自己的俸银赈济灾民，用于公益事业。阮元为官，就如清茶一般，澄净透彻，心无杂念。

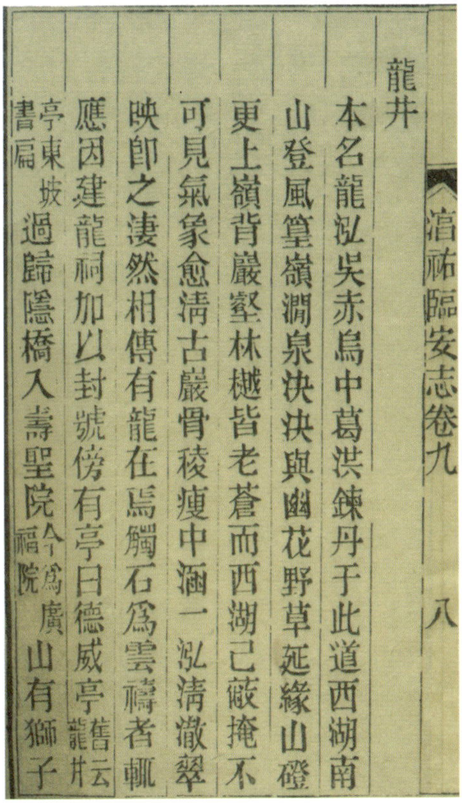
淳祐臨安志卷九　八

龍井

本名龍泓吳赤烏中葛洪鍊丹于此道西湖南山登風篁嶺澗泉泱泱與幽花野草延緣山磴更上嶺背巖壑林樾皆老蒼而西湖已蔽掩不可見氣象愈清古巖骨稜瘦中涵一泓清澈翠映即之凄然相傳有龍在焉觸石爲雲禱者輒應因建龍祠加以封號傍有亭曰德威亭舊云龍井亭東坡書扁過歸隱橋入壽聖院今爲廣福院山有獅子

图90 《淳祐临安志》中关于龙井的记载

阮元写过六十余首茶诗，其中大多是在茶隐之日所写，也被称为茶隐之诗，流传比较广的是在一幅《竹林茶隐图》上的反复题诗。

清道光三年（1823），阮元六十岁，任两广总督兼广东巡抚。生日当天，他携一家老小来到抚院东园湛清堂下竹园中避客煮茶。此地竹林茂密，杳无人迹，一家子起风炉设茶灶，儿孙奉茶，仆人研墨，阮元兴致颇高地画了一幅《竹林茶隐图》并题诗：“万竿修竹一茶垆，试写深林小隐图。岂得常闲如圃老，偶然兼住亦庐吾。传神入画青垂眼，揽镜开奁白满须。二十余年持使节，谁知披卷是迂儒。”虽不能像园圃一样常有闲暇光顾，偶尔来住，亦是“吾庐乐吾道”。开奁揽镜自照，已目垂须白，不免自嘲，做了二十余年的外官，仍然是迂腐儒士一个！

广州城外番禺县境内有一个学士泉，被称为岭南第一泉。据载辨别学士泉有一种方法，滴入一滴墨汁，墨沉而不散。儿子阮福亲自前往学士泉，滴墨试验，果然与记载无异，于是汲取一担水煮茶。品着清甘的泉水，阮元心情大好，当即又在画上题诗："酒中有至乐，恨我绝不谙。近岁作茶隐，聊以当沉酣。"以茶代酒，乐在其中。阮元或许确实喜欢这幅画，之后每隔几年过生日就会取出欣赏并题诗，陆续写过《正月二十日地晴煮茶于竹林中题竹林茶隐卷》《丙申正月二十日茶隐于城南龙树寺题癸未竹林茶隐山像卷中》等诗。

道光七年（1827），阮元任云贵总督，在昆明宜园竹林避寿。阮福做伴，父子俩雪中品茶，其乐也融融。茶香氤氲中，阮元再一次在画上题诗，其中写道："年年茶隐竟成例，快雪时晴日光热。"阮福和诗一首："竹林又遇煮茶时，拾取松枝灶初热。一双白鹤不避烟，也识茶香最清洁。我家茶隐自年年，两弟今年未随啜。亲颜喜付与诸孙，黄果如饴共甘悦。"惬意之情跃然纸上。受阮元的影响，一家人都喜茶，阮夫人理解丈夫的良苦用心，每逢生日也会茶隐避寿。

道光十六年（1836），阮元在北京，生日那天到城南龙树寺茶隐，再次向陪同的人展示了《竹林茶隐图》并题诗："入都忆昔廿三岁，屈指于今五十年。北阙恩光思不尽，南城景物看依然。春初又作茶中隐，地僻休邀竹外贤。只是披图还揽镜，老臞那似六旬前。"自二十三岁入京，屈指一算已过去了五十年，道不尽皇恩浩荡、看不尽景物依然。阮元戴着老花镜欣赏着当年的佳作，感慨时光催人老，景物依旧人事已非。

因长期在杭州任职，阮元偏爱龙井茶，"新茶一碗人清暇，不管西山下夕阳"。东奔西跑的日子里，偶尔能在静静的书房，沏上一壶龙井新茶，左手书卷，右手茶碗，那就是最美时光。没有硝烟，没有圣旨，抛开琐事，就这样忘却时间，自在地看夕阳西下。新茶一碗，岁月静好。

阮元曾题《茗花》诗："旗枪摘尽又生芽，三尺梅枝淡绿花。莫怪君谟辨香茗，看花须到野人家。"旗枪，即一枪二旗的简称：茶芽初露未伸展开成嫩茶叶者称枪，只有一支；茶芽伸展开长成两片嫩叶者称旗，为两片，是春季头茶的上品。头茶采摘后又生发新芽，会有二茶、三茶，到秋冬季开出淡绿色的花朵，茶枝酷似梅枝。诗中的君谟指北宋名臣蔡襄，蔡襄不仅是政治家、文学家、书法家，还是茶学家，善辨茶，著有《茶录》一书，对茶的色、香、味和藏茶、炙茶、碾茶、罗茶、候汤、盏、点茶作了精到而简洁的论述。阮元借君谟之名，说明龙井茶也有一二三等之分，想喝到好茶还得到茶农家。

这首《茗花》诗和《棉花》《兰花》三种共题在画扇上，合称《题画扇三种花》，与文人喜画梅兰竹不同，作为地方官的阮元更为关注民生，重视"民赖为利"。在诂经精舍，阮元别开生面地开了一堂龙井茶课，以茶命题考精舍学生。为此自题《茶课诂经精舍拟作》二绝句：

青松黄叶野人家，龙井西南石径斜。
行尽九溪十八涧，寒山开遍绿茶花。

吟香写影有诗人，折向铜瓶胜上春。
小阁斜阳茶半熟，不知原是此花身。

孟冬时节，寒气初至，山村花谢叶黄，唯青松常绿。诗人从龙井沿着弯曲的山道徒步至九溪十八涧，但见漫岭皆是碎绿玉，原来是垄垄茶园开满了小花，微风过处，清香宜人，忍不住折上一枝插养于窗台上的花瓶，清新俏丽犹如春归。斜阳微照间，黄蕊白瓣，晶莹剔透，一旁红炉正沸，茶烟轻飏，而饮茶多年，竟不知原是此花身。

茶树花小而隐，并不是主流的观赏花卉，很少有人关注，也鲜有咏之者，陆羽在《茶经》中言及茶树花时，也仅以“花如白蔷薇”句一笔带过。细致的诗人却爱屋及乌，以此为题可谓视角独特。

即便远在广东竹林间，阮元以学士泉煮龙井茶，借茶仙卢仝的《七碗茶歌》来表达饮茶醒神益体、净化灵魂的美妙感受：“茗投龙井叶，咀味清且甘。诸孙与杯勺，可抵饴弄含。七碗吃不得，赊饮可及三。”他很享受忙里偷闲与家人一起煮茶啜茗、含饴弄孙共享天伦之乐的安逸生活，字里行间透着意犹未尽之感。

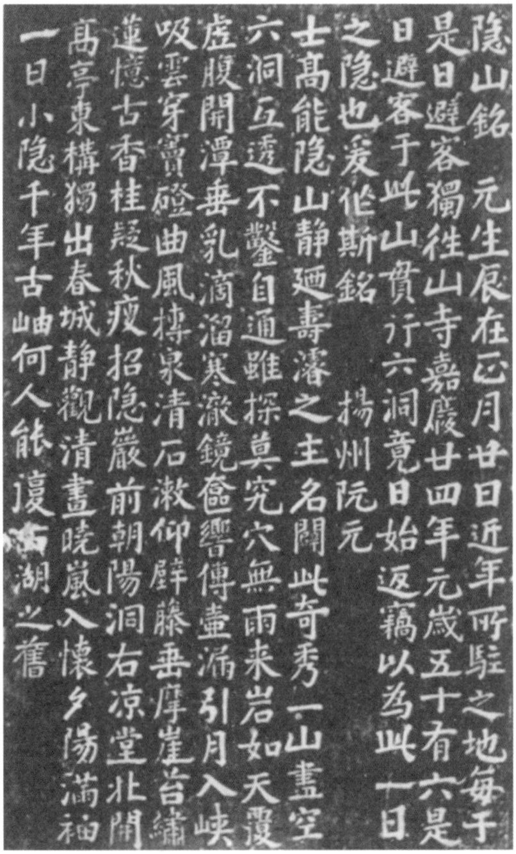

图91 《隐山铭》拓片

西湖山水空灵淡远、含蓄朦胧，散发着“闲适”和“隐逸”的气质，东晋葛洪择居栖霞岭、北宋林逋隐居孤山，东坡先生面对西湖也曾感叹“未成小隐聊中隐”。

因为西湖，杭州这片净土，大抵就是这样可使人心生宁静的宜隐之地，阮元在此氛围中开启寿日之隐也在情理之中了。

多年以后，在桂林深山作一日小隐时，阮元曾深深怀念西湖的旧时光，不无怅然道："士高能隐，山静乃寿。……一日小隐，千年古岫，何人能复，西湖之旧？"

同朝钦羡四海瞻

阮元从政近五十年，集三朝恩宠于一身，可谓官运亨通，福伴终身。他主张“学与仕合”，达到了理政与治学的完美结合，倍受世人尊崇。

潘世恩曾为阮元题联：“四海具瞻，尊为山斗；同朝钦羡，望若神仙。”潘世恩是阮元的同朝名臣及同乡，二十四岁就状元及第，从此平步青云，是历事乾嘉道咸的“四朝元老”。陈康祺称其为三百年中第一福气中人，列举了他各项非同寻常之荣耀：本朝耆臣，生加太傅者五人，重宴琼林者八人，状元作宰相者八人，唯潘文恭公兼之。又大拜不阶协办，枢廷不始学习，皆数异也。富贵寿考，子孙继武，公之福祉，三百年一人而已。就是这样一位集功名福禄于一身的权高望重者，谈及阮元时仰慕之情竟溢于言表，可见阮元在当时的影响。

最早对阮元作出全面而客观评价的是杭州人龚自珍。龚是阮元的晚辈、学生，阮元六十岁时，龚自珍撰《寿序》，从训诂、校勘、目录、典章制度、史学、金石、九数、文学、性道、掌故等十个方面论其学术和文学成就，从察吏、抚民、教育、剿匪、治赋、治漕等六个方面论其才略治绩。把阮元比作唐代的名相房玄龄和杜如晦，盛赞其“任道多，积德厚，履位高，成名众”，“励精朴学，兼万人之姿，宣六艺之奥”。

龚自珍以阮元为楷模，两人私交甚笃。道光十九年（1839）六月，也就是鸦片战争前一年，龚自珍从北京辞官南归，途经扬州小憩。当地众多文人富贾纷纷来访，一时门庭若市，龚自珍疲于应付，悄悄出门拜谒阮元。当时阮元已归隐扬州，深居简出，不喜与人交际，实在推却不了就装聋作哑，搞得去拜访的人非常尴尬，但听说龚自珍来访，却喜形于色，盛情款待，关起门来密谈了一整天。龚自珍有诗记录："四海流传百轴刊，皤皤国老尚神完。谈经忘却三公贵，只作先秦伏胜看。"可见阮元精神不错，谈经论事忘乎所以。

两人讨论最多的还是时政，包括当时严峻的禁烟问题，据说阮元有出资助龚施政，这事传出后，成为一大新闻，有好事者戏称："阮公耳聋，见龚则聪；阮公俭啬，交龚必阔。"龚自珍离开扬州后，在镇江应邀为"赛玉皇求雨大会"撰写青词时，借题发挥，写下了千古传诵的名句"我劝天公重抖擞，不拘一格降人才"，希望雷雨大风扫荡一切污浊，打破一切桎梏，不拘泥成规，降下更多为国为民的人才。

同僚尚如此，后来的学者更是给予阮元很高的评价。梁启超曾就读学海堂四年，打下了坚实的汉学基础，为他后来研究中国古代历史和文化创造了非常有利的条件。他在《中国近三百年学术史》中说："广东近百年的学风，由他（阮元）一手开出。"认为阮元开广东近代文化兴盛之端，并强调了阮元个体对地方风气的影响力："阮芸台督粤，创学海堂，辑刻《皇清经解》，于是其学风大播于吾粤。道咸以降，江浙衰而粤转盛。"认为广东因阮元的到来学术风气兴盛，而浙江则因阮元的离开学风日渐衰落。

晚清诗人、画家、书法家何绍基曾说嘉道间京师才士硕儒究朴学、能文章者辐辏鳞比，"至于网罗六艺，贯串百家，又巍然有声名位业，使天下士归之如星戴斗，如水赴壑，则惟阮元和程恩泽二人而已"。

侯外庐先生称阮元"扮演了总结18世纪汉学思潮的角色"，而钱穆先生则认为"其名位、著述，足以弁冕群材，领袖一世，清代经学名臣最后一重镇”。如此不胜枚举。

这位扬州才子在西湖边徜徉吟咏，留下了不朽的印记。他的诸多惠政，一直影响着当今的杭州。阮公墩的构筑使西湖两堤三岛的格局最终形成，自此，西湖的景观营造了更具中国审美内涵的仙山意境；孤山苏公祠、白公祠等人文胜迹的复建，不仅倡导了尊贤重圣的社会风尚，也为西湖增加了更为厚重的人文情怀；诂经精舍的设立，奖掖江浙才俊，创一代求真求是学风，为江浙成为近现代学术文化重镇奠定了基础；灵隐书藏，开中国近代公共图

图92 《定香亭图记》拓片

书馆先河，嘉惠士林，继往开来；重浚杭城水利，减税惠民，广施仁爱，造福了千百万浙江百姓……

夙兴夜寐、鞠躬尽瘁的工作之余，阮元也用他的诗文辞赋为西湖山水增色，他擅长题写楹联，在西湖山水间留下不少脍炙人口的楹联。嘉庆十三年（1808），阮元重返浙江，初夏的夜晚，皓月当空，湖天一碧，漫步在杨柳成荫的白堤，微风送来淡淡的荷香，旧地重游，感慨良多，他满怀激情地为

“平湖秋月”题联：

胜地重新，在红藕花中，绿杨阴里；

清游自昔，看长天一色，朗月当空。

北山的葛岭东接宝石山、西接紫云洞、南对西子湖，以东晋道教祖师葛洪曾在此结庐炼丹而得名。抱朴道院居中屹立，山色葱茏，湖光映照。阮元欣然写下：

魏晋诩风流，是翁抱朴传书，棋局樗蒲忘世业；

湖山蓊云气，此处炼丹成汞，柳堤松岛护仙寰。

这些楹联言简意赅、画龙点睛，为景点增加不少人文底蕴。

“莲花过雨清宜画，兰箭临风韵似诗。记取丁年秋七夕，定香亭上晚凉

影橋記
浙江學使者駐於杭署在吳山螺峰之下。宅西有園，有池，中定香亭與岸相距由石橋三折乃達。余名之曰影橋，蓋取衆影所聚也。池中風漪淪然，是有池影。亭倒映於池，是有亭影。亭與橋皆紅闌，是有闌影。岸邊豆蔓牽牛[illegible][illegible]，是有籬影。其樹則有女貞、枇杷、[illegible]柳、[illegible]。其花則有梅、桂、桃、荷、木芙蓉、[illegible][illegible]，則有竹、蘭、女蘿，是皆有影。每當曉日[illegible]采，夕月浮黃，輕雲在天，繁星落水，霞圍古垣，雪積幽石，而影皆在橋。魚躍於下，鳥度於上，[illegible]兼風於亭，午[illegible]弄光於清夜，而影亦在橋。至若把卷[illegible][illegible]，挈梅攜[illegible]度橋而來者，其影無盡，此可以人之影繫之。故余以影名橋，為衆影所聚也。而橋之有影於池也，不與焉。儀徵阮元撰
右阮文達公影橋記，文存揅經室集。今使者[illegible][illegible][illegible]於試士暇葺治園亭，植荷於池，栽花木於池畔。三年蔚然，乃繪定香亭圖，自為記，刻之石。復[illegible]此記，命[illegible][illegible]補書並刻之。橋與亭去今且百年矣，中更兵燹，其廢而復興者，豈非以其人歟？觀流水之如斯，動島山之仰止，登斯橋也，如見文達當日彥流群集，憑闌徙倚，碩影相娛。令人想象低徊不能置，則即以此為阮公之墩、太傅之堤可也。吾知再更數十百年，登此而懷我公者，遂之視今，不亦猶今之想象前徽於無既耶？爰紀歲月以詔方來。光緒十四年太歲戊子八月會稽陶濬宣跋

图 93 《影桥记》拓片

时。”嘉庆二年（1797）七夕，阮元与友人在吴山脚下的学署西园赏画赋诗，莲花过雨、兰箭临风，清新的景致中充满了闲情逸致，也让西园的定香亭闻

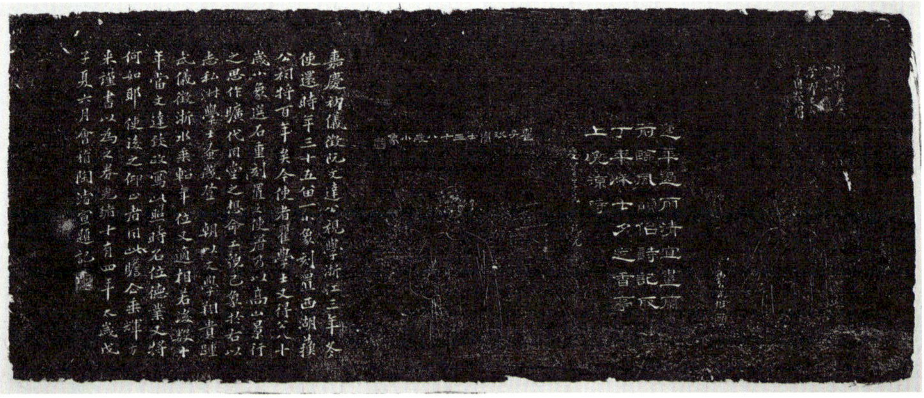

图94 《阮文达与瞿子玖画像题记》拓片，右侧为阮元像

名遐迩。

阮元刚入驻时，学署庭院稀疏，梁柱多有虫蛀，显得有些破败。阮元进行了全面整修，然而事出意外，受杭城的一场特大火灾累及，刚修复的鼓楼、门廨被毁，后二堂西厅又倒塌，不得已进行了二次重修。宅内有院落数间，阮元非常用心地进行了庭院绿化营造，门庭植桃李，临池有柳梅，补种了梅、桂、桃、柳等上百株。他还很有雅兴地为园中景物题名，西园宽敞幽雅，中有荷花池，池东侧有屋三楹，名“再到亭”，是幕宾临时居所；池上有三折石桥通往定香亭，阮元以“众影所聚”取名“影桥”，并作文解释道：

池中风漪涣然，是有池影；亭倒映于池，是有亭影；亭与桥皆红阑，是有阑影；岸边豆蔓、牵牛子离离然，是有篱影；其树则有女贞、枇杷、桐柳、榆谷，其花则有梅、桂、桃、荷木、夫容，其草则有竹兰女萝，是皆有影。每当晓日散采，夕月浮黄，轻云在天，繁星落水，霞围古垣，雪穇幽石，而影皆在桥。鱼跃于下，鸟度于上，蝶乘风于亭，午萤弄光于

图95 〔明〕盛茂烨《吴山耸翠图》立轴（杭州西湖博物馆总馆藏）

清夜，而影亦在桥。至若把卷晞发挈榼携灯度桥而来者，其影无尽，皆可以人之影。系之故，余以影名桥，为众影所聚也……

从文中可以看出西园环境清幽、花卉植物种类非常丰富。清学政任期三年，还需出试省内各县市，因此真正在学署时间最多不过一年，阮元如此用心经营学署，用他的话来说就是“十年树木心，所冀来者续”。

百年以后，光绪十一年（1885）夏，晚清重臣瞿鸿禨就任浙江学政，入驻阮元曾住过的学署。进得西园，见到慕名已久的定香亭和影桥，经历百余年沧桑，却一如阮元当年就任时的模样，不禁感慨，当年周人思念召伯，不忍砍掉屋前的棠树，是为了睹物思人，怀念召伯的恩泽；而今有浙江人爱敬阮公堪比当年的周人，小小的定香亭，却可以看出百姓的大用心了。

瞿鸿禨少年得志，入翰林院和任职浙江学政的年龄都与阮元相仿，自觉很有缘分。他求访得到费丹旭画的阮公八十岁小像后，命人刻在碑上，“以高山景行之

图 96　阮公祠内景

图 97　阮公祠内景（鲁南摄）

思，作旷代同堂之想”。又请人给自己做一小像，刻在碑的右侧，以明志向。公务之余，瞿鸿禨亲自打理花园，修亭建廊，三年时间，西园重新修竹环绕、花木茂盛，一片蔚然。他非常高兴，亲自绘定香亭图，题写定香亭图记，请胡匊邻刻碑嵌于园内。他的继任潘衍桐大赞西园景观，题名十景赋诗，刻碑立石以为纪念。

“门前桃李即甘棠”，为表达两百年来的这份感激和敬意，杭州人以自己的方式纪念这位曾经的父母官。

阮元为救济百姓设立的普济堂在其离任后，百姓在其内设立了他的长生牌位，以供世人瞻仰；阮元曾经修筑的萧山西江塘上，百姓建造了“阮怀

图 98　阮公祠

亭”，以表感怀。

咸丰二年（1852）九月，应浙江众绅民所请，经部议和咸丰帝御批，阮元入祀浙江名宦祠，享春秋致祭。同治十三年（1874），当时的浙江巡抚杨昌濬就浙江众绅民请建阮元专祠事，上疏同治皇帝。因阮元非战死沙场的大将，又已入祀浙江名宦祠，按常例是不能建专祠的。两年后，礼部再次审议此事，考虑到阮元在浙江“实政在民，不胜枚举。士民感念，至今不忘。海内人士，亦异口同声，推为国朝宗匠。两任巡抚，官声政绩非前后各抚臣所可跂及。阮元治浙政绩系民讴思……”光绪二年（1876）十一月，经过皇帝特批，终于为阮元在杭州立专祠。

光绪六年（1880），阮公祠在吴山原重阳庵旧址上改建而成，建祠经费

为当时民间乡绅自发筹款所得。祠成之时，缙绅、百姓齐来祭拜，盛况空前。阮元的同乡、仪征人方鼎锐撰《阮文达公祠记》，记叙建造之缘由和经过及落成时之盛况。惜清末荒芜，阮公祠曾一度用作浙江农会事务所及杭州市私立聋哑学校等。

2007年，西湖综合保护整治工程开启，阮公祠按原风貌重修，现占地320平方米，由正殿和厢房围合成三合院式，内陈列阮元相关展品。现为杭州市级文物保护单位。

西湖粼粼碧波之中，“阮墩环碧”郁郁葱葱，犹如碧玉盘中的一块晶莹翡翠，被列入了西湖新十景。岛上修建有云水居和忆芸亭，云水居为阮元陈列室，突出展示其在经史、政事、诗赋、天文、算学等方面的造诣。

在阮公常去的吴山上，重修的阮公祠白墙黛瓦，巍然伫立。于葱茏的林木间拾级而上，抬头可见祠庙正门的楹联气正词严：“勋名著寰海东西，绝徼威棱，中朝相业；经术冠大江南北，主盟坛坫，崇祀湖山。”吟哦间，阮公的浩然功业和卓著成就宛在眼前。昔人虽已去，遗想尚入云；三持节使，馨香俎豆映湖山。往昔，阮元为湖山增色，今朝，这些表达对阮公感恩和追怀之情的场所，已成为杭州城市文化空间和西湖文化景观的重要组成部分，持续散发着巨大的文化影响力。

参考文献

（一）书籍

1.［清］阮元著，邓经元点校:《揅经室集》，中华书局，1993年。

2.王章涛:《阮元年谱》，黄山书社，2003年。

3.巫晨:《阮元仪征事》，广陵书社，2015年。

4.［美］魏白蒂著，朱已泰等译:《清中叶学者大臣阮元生平与时代》，广陵书社，2017年。

5.［清］阮元撰，姚文昌点校:《小沧浪笔谈·定香亭笔谈》，山东人民出版社，2018年。

6.侯冬:《乾嘉幕府与诗歌研究——以卢见曾、毕沅、曾燠、阮元幕府为个案的考察》，中国社会科学出版社，2018年。

7.［清］阮元主编:《两浙金石志》，浙江古籍出版社，2012年。

8.［清］阮元:《畴人传》，商务印书馆，民国二十四年(1935)。

9.［清］阮元:《两浙𬨎轩录》影印本，上海古籍出版社，1995年。

10.［清］阮元:《经籍纂诂》影印本，上海古籍出版社，1995年。

11.［清］阮元:《诂经精舍文集》，载《西湖文献集成续辑》第14册，杭州出版社，2016年。

12.［清］阮元:《两浙防护录》，浙江古籍出版社，2017年。

13.［清］陈文述:《西泠怀古集》，载《西湖文献集成》第27册，杭州出版社，2004年。

14.［清］张鉴等撰，黄爱平点校：《阮元年谱》，中华书局，1995年。

15.［清］陈康琪：《郎潜纪闻四笔》，中华书局，1990年。

16.［清］谢启昆：《树经堂诗初集》，载顾廷龙编《续修四库全书》别集类，上海古籍出版社，2002年。

17.［清］张鉴：《冬青馆甲集》《冬青馆乙集》，载顾廷龙编《续修四库全书》别集类，上海古籍出版社，2002年。

18.［清］瞿鸿禨著，谌东飚校点：《瞿鸿禨集》卷一《瞿文慎公诗选》，湖南人民出版社，2010年。

19.［清］徐世昌：《晚晴簃诗汇》，中华书局，1990年。

20.［清］张鉴编：《诂经精舍志初稿》，载赵所生、薛正兴主编《中国历代书院志》第八册，江苏教育出版社，1995年。

21.杜正贤主编：《杭州孔庙》，西泠印社出版社，2009年。

22.许力、韩天雍、邵群编著：《西湖摩崖萃珍一百品》，杭州出版社，2019年。

23.金丹：《阮元书学研究》，荣宝斋出版社，2012年。

24.鲍永军：《一代名幕汪辉祖》，杭州出版社，2014年。

（二）学术论文

1.田汉云、古明：《论阮元的诗》，《扬州师院学报（社会科学版）》1991年第3期。

2.陈东辉：《阮元创设诂经精舍考略》，《中国文化研究》1997年第4期。

3.余新华：《阮元的学术渊源和宗旨》，《中国人民大学学报》1998年第3

期。

4.颜广文、关汉华:《论阮元的西学思想》,《华南师范大学学报(社会科学版)》2003年第2期。

5.刘靖渊:《阮元论》,《泰山学院学报》2003年第4期。

6.郭明道:《阮元对金石书画研究的贡献》,《洛阳师范学院学报》2003年第4期。

7.赵春晨:《清代广东两次文化突进的成功经验》,《广东社会科学》2005年第5期。

8.张立:《杭州诂经精舍的科学教育》,《浙江大学学报(人文社会科学版)》2005年第5期。

9.陈东辉:《诂经精舍对19世纪浙江学术发展之重要影响》,《杭州师范学院学报(社会科学版)》2006年第6期。

10.王瑜:《阮元思想研究述评》,《广西社会科学》2006年第6期。

11.李海燕:《论阮元在文献篆刻方面的成就》,《图书与情报》2008年第2期。

12.於梅舫:《〈诂经精舍文集〉与诂经精舍早期学风》,《湖南大学学报(社会科学版)》2008年第5期。

13.金丹:《由金石涉书法——阮元金石学研究的贯通》,《中国书法》2012年第3期。

14.宋巧燕、张承刚:《诂经精舍、学海堂两书院研究综述》,《漳州师范学院学报(哲学社会科学版)》2012年第3期。

15.刘平:《嘉庆时期的浙江海盗与政府对策》,《社会科学》2013年第4

期。

16. 卢高媛:《阮元“金石酬唱”集会考论》,《绍兴文理学院学报(哲学社会科学)》2016年第4期。

17. 侯冬:《阮元幕府与嘉道之际士林风气变迁》,《甘肃社会科学》2018年第4期。

18. 陆易:《砚中的金石谊、诗文情——一方石砚看吴昌硕与沈石友的友情》,《紫禁城》2018年第4期。

19. 高福美:《嘉庆四年长新店盗劫案始末》,《北京档案》2018年第9期。

(三)硕博论文

1. 侯冬:《阮元诗歌研究》,西北师范大学硕士学位论文,2009年。

2. 高琦:《阮元文献收藏研究》,中山大学硕士学位论文,2009年。

3. 谭安东:《阮元宦浙期间文学创作与交游研究》,浙江大学硕士学位论文,2010年。

4. 周丽丹:《诗人阮元研究》,苏州大学硕士学位论文,2010年。

5. 王曼:《阮元史学研究》,河北师范大学硕士学位论文,2012年。

6. 林久贵:《阮元经学述论》,华中师范大学博士学位论文,2012年。

7. 辛璐茜:《将科学精神融入儒家传统中——阮元与西方科学》,山东大学硕士学位论文,2014年。

8. 邓敬伟:《阮元教育管理实践研究》,淮北师范大学硕士学位论文,2014年。

后记

西湖景观是人与自然和谐互动的产物，其代表性的景观格局“两堤三岛”即是由多次西湖疏浚工程不断增添营造而成。但自“湖心亭”和“小瀛洲”两座湖中岛屿营造成形后的几百年里，西湖似乎一直在等待“一池三山”神话仙境的完成。历史给了阮元这个机会，在风华正茂的年龄，他来到了杭州，他的学识涵养和政治抱负都足以承担起完成这一任务的使命。阮元与西湖，在精神内核上的匹配与契合促成了他们的互相成就。

作为继白居易、苏轼之后对西湖景观营造做出巨大贡献的学者型官员，阮元在历史上对西湖的功绩并没有被充分挖掘，甚至可以说被低估了。在浙施政其间，他在西湖浚治、西湖景观营造、西湖文物古迹修复、西湖诗词文化、西湖印学文化、西湖藏书文化、西湖忠孝文化等方面都产生了立体、持久而深远的影响。在写作《阮元与西湖》一书的过程中，当我们把阮元与西湖的关系放在阮元在浙施政与治学的大背景下，透视乾嘉时期浙江与杭州在阮元治理下的整个时代风貌，我们深深感到，他对西湖、对杭州、对浙江政治经济文化发展起到了不少开拓性的作用。

能够通过文字与大家共享阮元与西湖文化的源流转承，可以说是完成自己的一份心愿，为西湖文化的鸿篇巨制写上小小的一笔。同时，本文图片的整理也尽量标明出处。但受个人能力和精力所限，疏漏之处难免，敬请读者见谅并不吝赐教。

本书在写作过程中得到了很多同行和单位的关怀和指导，得到了杭州西湖博物馆总馆、浙江省博物馆、浙江省杭州高级中学、杭州碑林、杭州灵隐寺等单位的大力支持，在此致以诚挚的谢意！

作者

2022年8月

图书在版编目（CIP）数据

阮元与西湖 / 张慧琴 , 陈亚娜著 . -- 杭州 : 杭州出版社 , 2022.12
(西湖丛书)
ISBN 978-7-5565-1656-8

Ⅰ . ①阮… Ⅱ . ①张… ②陈… Ⅲ . ①阮元（1764-1849）—生平事迹 Ⅳ . ① K827=52

中国版本图书馆 CIP 数据核字 (2022) 第 002914 号

RUAN YUAN YU XIHU

阮元与西湖

张慧琴 陈亚娜 著

责任编辑 夏斯斯
责任校对 陈铭杰
美术编辑 章雨洁
出版发行 杭州出版社（杭州市西湖文化广场 32 号 6 楼）
电话：0571-87997719 邮编：310014
网址：www.hzcbs.com
印　　刷 浙江国广彩印有限公司
经　　销 新华书店
开　　本 710 mm×1000 mm 1/16
印　　张 14.25
字　　数 173 千字
版 印 次 2022 年 12 月第 1 版 2022 年 12 月第 1 次印刷
书　　号 ISBN 978-7-5565-1656-8
定　　价 58.00 元

《杭州全书》

“存史、释义、资政、育人”

全方位、多角度地展示杭州的前世今生

- 杭州全书
  - 杭州文献集成
    - 西湖文献集成
    - 西溪文献集成
    - 运河（河道）文献集成
    - 钱塘江文献集成
    - 良渚文献集成
    - 湘湖（白马湖）文献集成
  - 杭州丛书
    - 西湖丛书
    - 西溪丛书
    - 运河（河道）丛书
    - 钱塘江丛书
    - 良渚丛书
    - 湘湖（白马湖）丛书
  - 杭州通史
    - 西湖通史
    - 西溪通史
    - 运河（河道）通史
    - 钱塘江通史
    - 良渚通史
    - 湘湖（白马湖）通史
  - 杭州辞典
    - 西湖辞典
    - 西溪辞典
    - 运河（河道）辞典
    - 钱塘江辞典
    - 良渚辞典
    - 湘湖（白马湖）辞典
  - 杭州研究报告
    - 西湖研究报告
    - 西溪研究报告
    - 运河（河道）研究报告
    - 钱塘江研究报告
    - 良渚研究报告
    - 湘湖（白马湖）研究报告

《杭州全书》已出版书目

文献集成

杭州文献集成

1.《武林掌故丛编（第 1—13 册）》（杭州出版社 2013 年出版）
2.《武林往哲遗著（第 14—22 册）》（杭州出版社 2013 年出版）
3.《武林坊巷志（第 23—30 册）》（浙江人民出版社 2015 年出版）
4.《吴越史著丛编（第 31—32 册）》（浙江古籍出版社 2017 年出版）
5.《杭郡诗辑（续辑、三辑）》（第 33—40 册）（浙江古籍出版社 2021 年出版）
6.《咸淳临安志（第 41—42 册）》（浙江古籍出版社 2017 年出版）

西湖文献集成

1.《正史及全国地理志等中的西湖史料专辑》（杭州出版社 2004 年出版）
2.《宋代史志西湖文献专辑》（杭州出版社 2004 年出版）
3.《明代史志西湖文献专辑》（杭州出版社 2004 年出版）
4.《清代史志西湖文献专辑一》（杭州出版社 2004 年出版）
5.《清代史志西湖文献专辑二》（杭州出版社 2004 年出版）
6.《清代史志西湖文献专辑三》（杭州出版社 2004 年出版）
7.《清代史志西湖文献专辑四》（杭州出版社 2004 年出版）
8.《清代史志西湖文献专辑五》（杭州出版社 2004 年出版）
9.《清代史志西湖文献专辑六》（杭州出版社 2004 年出版）
10.《民国史志西湖文献专辑一》（杭州出版社 2004 年出版）
11.《民国史志西湖文献专辑二》（杭州出版社 2004 年出版）
12.《中华人民共和国成立 50 年以来西湖重要文献专辑》（杭州出版社 2004 年出版）
13.《历代西湖文选专辑》（杭州出版社 2004 年出版）

14.《历代西湖文选散文专辑》（杭州出版社 2004 年出版）
15.《雷峰塔专辑》（杭州出版社 2004 年出版）
16.《西湖博览会专辑一》（杭州出版社 2004 年出版）
17.《西湖博览会专辑二》（杭州出版社 2004 年出版）
18.《西溪专辑》（杭州出版社 2004 年出版）
19.《西湖风俗专辑》（杭州出版社 2004 年出版）
20.《书院・文澜阁・西泠印社专辑》（杭州出版社 2004 年出版）
21.《西湖山水志专辑》（杭州出版社 2004 年出版）
22.《西湖寺观志专辑一》（杭州出版社 2004 年出版）
23.《西湖寺观志专辑二》（杭州出版社 2004 年出版）
24.《西湖寺观志专辑三》（杭州出版社 2004 年出版）
25.《西湖祠庙志专辑》（杭州出版社 2004 年出版）
26.《西湖诗词曲赋楹联专辑一》（杭州出版社 2004 年出版）
27.《西湖诗词曲赋楹联专辑二》（杭州出版社 2004 年出版）
28.《西湖小说专辑一》（杭州出版社 2004 年出版）
29.《西湖小说专辑二》（杭州出版社 2004 年出版）
30.《海外西湖史料专辑》（杭州出版社 2004 年出版）
31.《清代西湖史料》（杭州出版社 2013 年出版）
32.《民国西湖史料一》（杭州出版社 2013 年出版）
33.《民国西湖史料二》（杭州出版社 2013 年出版）
34.《西湖寺观史料一》（杭州出版社 2013 年出版）
35.《西湖寺观史料二》（杭州出版社 2013 年出版）
36.《西湖博览会史料一》（杭州出版社 2013 年出版）
37.《西湖博览会史料二》（杭州出版社 2013 年出版）
38.《西湖博览会史料三》（杭州出版社 2013 年出版）
39.《西湖博览会史料四》（杭州出版社 2013 年出版）
40.《西湖博览会史料五》（杭州出版社 2013 年出版）
41.《明清西湖史料》（杭州出版社 2015 年出版）
42.《民国西湖史料（一）》（杭州出版社 2015 年出版）
43.《民国西湖史料（二）》（杭州出版社 2015 年出版）
44.《西湖书院史料（一）》（杭州出版社 2016 年出版）
45.《西湖书院史料（二）》（杭州出版社 2016 年出版）
46.《西湖戏曲史料》（杭州出版社 2016 年出版）
47.《西湖诗词史料》（杭州出版社 2016 年出版）
48.《西湖小说史料（一）》（杭州出版社 2016 年出版）
49.《西湖小说史料（二）》（杭州出版社 2016 年出版）
50.《西湖小说史料（三）》（杭州出版社 2016 年出版）

西溪文献集成

1.《西溪地理史料》（杭州出版社 2016 年出版）
2.《西溪洪氏、沈氏家族史料》（杭州出版社 2015 年出版）
3.《西溪丁氏家族史料》（杭州出版社 2015 年出版）
4.《西溪两浙词人祠堂·蕉园诗社史料》（杭州出版社 2016 年出版）
5.《西溪蒋氏家族、其他人物史料》（杭州出版社 2017 年出版）
6.《西溪诗词》（杭州出版社 2017 年出版）
7.《西溪文选》（杭州出版社 2016 年出版）
8.《西溪文物图录·书画金石》（杭州出版社 2016 年出版）
9.《西溪宗教史料》（杭州出版社 2016 年出版）

运河（河道）文献集成

1.《杭州运河（河道）文献集成（第 1 册）》（浙江古籍出版社 2018 年出版）
2.《杭州运河（河道）文献集成（第 2 册）》（浙江古籍出版社 2018 年出版）
3.《杭州运河（河道）文献集成（第 3 册）》（浙江古籍出版社 2018 年出版）
4.《杭州运河（河道）文献集成（第 4 册）》（浙江古籍出版社 2018 年出版）

钱塘江文献集成

1.《钱塘江海塘史料（一）》（杭州出版社 2014 年出版）
2.《钱塘江海塘史料（二）》（杭州出版社 2014 年出版）
3.《钱塘江海塘史料（三）》（杭州出版社 2014 年出版）
4.《钱塘江海塘史料（四）》（杭州出版社 2014 年出版）
5.《钱塘江海塘史料（五）》（杭州出版社 2014 年出版）
6.《钱塘江海塘史料（六）》（杭州出版社 2014 年出版）
7.《钱塘江海塘史料（七）》（杭州出版社 2014 年出版）
8.《钱塘江潮史料》（杭州出版社 2016 年出版）
9.《钱塘江大桥史料（一）》（杭州出版社 2015 年出版）
10.《钱塘江大桥史料（二）》（杭州出版社 2015 年出版）
11.《钱塘江大桥史料（三）》（杭州出版社 2017 年出版）
12.《海宁专辑（一）》（杭州出版社 2015 年出版）
13.《海宁专辑（二）》（杭州出版社 2015 年出版）
14.《钱塘江史书史料（一）》（杭州出版社 2016 年出版）

15.《城区专辑》（杭州出版社 2016 年出版）
16.《之江大学专辑》（杭州出版社 2016 年出版）
17.《钱塘江小说史料》（杭州出版社 2016 年出版）
18.《钱塘江诗词史料》（杭州出版社 2016 年出版）
19.《富春江、萧山专辑》（杭州出版社 2017 年出版）
20.《钱塘江文论史料（一）》（杭州出版社 2018 年出版）
21.《钱塘江文论史料（二）》（杭州出版社 2017 年出版）
22.《钱塘江文论史料（三）》（杭州出版社 2017 年出版）
23.《钱塘江文论史料（四）》（杭州出版社 2017 年出版）
24.《钱塘江渔业史料》（杭州出版社 2017 年出版）
25.《钱塘江笔记史料》（杭州出版社 2018 年出版）
26.《钱塘江史书史料（二）》（杭州出版社 2019 年出版）
27.《钱塘江明清实录史料》（杭州出版社 2019 年出版）
28.《钱塘江省府志史料》（杭州出版社 2019 年出版）
29.《钱塘江县志史料》（杭州出版社 2019 年出版）
30.《钱塘江绘画图录（山水卷）》（杭州出版社 2022 年出版）
31.《钱塘江绘画图录（版画卷）》（杭州出版社 2022 年出版）

余杭文献集成

《余杭历代人物碑传集（上下）》（浙江古籍出版社 2019 年出版）

湘湖（白马湖）文献集成

1.《湘湖水利文献专辑（上下）》（杭州出版社 2013 年出版）
2.《民国时期湘湖建设文献专辑》（杭州出版社 2014 年出版）
3.《历代史志湘湖文献专辑》（杭州出版社 2015 年出版）
4.《湘湖文学文献专辑》（杭州出版社 2019 年出版）
5.《湘湖师范期刊文献专辑（一）》（杭州出版社 2021 年出版）

丛　书

杭州丛书

1.《钱塘楹联集锦》（杭州出版社 2013 年出版）
2.《艮山门外话桑麻（上下）》（杭州出版社 2013 年出版）

3.《钱塘拾遗（上下）》（杭州出版社 2014 年出版）
4.《说杭州（上下）》（浙江古籍出版社 2016 年出版）
5.《钱塘自古繁华——杭州城市词赏析》（浙江古籍出版社 2017 年出版）
6.《湖上笠翁——李渔与杭州饮食文化》（浙江古籍出版社 2018 年出版）
7.《行走杭州山水间》（杭州出版社 2021 年出版）

西湖丛书

1.《西溪》（杭州出版社 2004 年出版）
2.《灵隐寺》（杭州出版社 2004 年出版）
3.《北山街》（杭州出版社 2004 年出版）
4.《西湖风俗》（杭州出版社 2004 年出版）
5.《于谦祠墓》（杭州出版社 2004 年出版）
6.《西湖美景》（杭州出版社 2004 年出版）
7.《西湖博览会》（杭州出版社 2004 年出版）
8.《西湖风情画》（杭州出版社 2004 年出版）
9.《西湖龙井茶》（杭州出版社 2004 年出版）
10.《白居易与西湖》（杭州出版社 2004 年出版）
11.《苏东坡与西湖》（杭州出版社 2004 年出版）
12.《林和靖与西湖》（杭州出版社 2004 年出版）
13.《毛泽东与西湖》（杭州出版社 2004 年出版）
14.《文澜阁与四库全书》（杭州出版社 2004 年出版）
15.《岳飞墓庙》（杭州出版社 2005 年出版）
16.《西湖别墅》（杭州出版社 2005 年出版）
17.《楼外楼》（杭州出版社 2005 年出版）
18.《西泠印社》（杭州出版社 2005 年出版）
19.《西湖楹联》（杭州出版社 2005 年出版）
20.《西湖诗词》（杭州出版社 2005 年出版）
21.《西湖织锦》（杭州出版社 2005 年出版）
22.《西湖老照片》（杭州出版社 2005 年出版）
23.《西湖八十景》（杭州出版社 2005 年出版）
24.《钱镠与西湖》（杭州出版社 2005 年出版）
25.《西湖名人墓葬》（杭州出版社 2005 年出版）
26.《康熙、乾隆两帝与西湖》（杭州出版社 2005 年出版）
27.《西湖造像》（杭州出版社 2006 年出版）
28.《西湖史话》（杭州出版社 2006 年出版）

29.《西湖戏曲》（杭州出版社 2006 年出版）
30.《西湖地名》（杭州出版社 2006 年出版）
31.《胡庆余堂》（杭州出版社 2006 年出版）
32.《西湖之谜》（杭州出版社 2006 年出版）
33.《西湖传说》（杭州出版社 2006 年出版）
34.《西湖游船》（杭州出版社 2006 年出版）
35.《洪昇与西湖》（杭州出版社 2006 年出版）
36.《高僧与西湖》（杭州出版社 2006 年出版）
37.《周恩来与西湖》（杭州出版社 2006 年出版）
38.《西湖老明信片》（杭州出版社 2006 年出版）
39.《西湖匾额》（杭州出版社 2007 年出版）
40.《西湖小品》（杭州出版社 2007 年出版）
41.《西湖游艺》（杭州出版社 2007 年出版）
42.《西湖亭阁》（杭州出版社 2007 年出版）
43.《西湖花卉》（杭州出版社 2007 年出版）
44.《司徒雷登与西湖》（杭州出版社 2007 年出版）
45.《吴山》（杭州出版社 2008 年出版）
46.《湖滨》（杭州出版社 2008 年出版）
47.《六和塔》（杭州出版社 2008 年出版）
48.《西湖绘画》（杭州出版社 2008 年出版）
49.《西湖名人》（杭州出版社 2008 年出版）
50.《纸币西湖》（杭州出版社 2008 年出版）
51.《西湖书法》（杭州出版社 2008 年出版）
52.《万松书缘》（杭州出版社 2008 年出版）
53.《西湖之堤》（杭州出版社 2008 年出版）
54.《巴金与西湖》（杭州出版社 2008 年出版）
55.《西湖名碑》（杭州出版社 2013 年出版）
56.《西湖孤山》（杭州出版社 2013 年出版）
57.《西湖茶文化》（杭州出版社 2013 年出版）
58.《宋画与西湖》（杭州出版社 2013 年出版）
59.《西湖文献撷英》（杭州出版社 2013 年出版）
60.《章太炎与西湖》（杭州出版社 2013 年出版）
61.《品味西湖三十景》（杭州出版社 2013 年出版）
62.《西湖赏石》（杭州出版社 2014 年出版）
63.《西湖一勺水——杭州西湖水井地图考略》
（浙江人民美术出版社 2019 年出版）

64.《行走西湖山水间》（杭州出版社 2019 年出版）
65.《西湖摩崖萃珍一百品》（杭州出版社 2019 年出版）
66.《诗缘西子湖》（杭州出版社 2020 年出版）
67.《西湖古版画》（杭州出版社 2020 年出版）
68.《日本人眼中的西湖》（杭州出版社 2021 年出版）
69.《西方人眼中的西湖》（杭州出版社 2021 年出版）

西溪丛书

1.《西溪寻踪》（杭州出版社 2007 年出版）
2.《西溪的传说》（杭州出版社 2007 年出版）
3.《西溪的动物》（杭州出版社 2007 年出版）
4.《西溪的植物》（杭州出版社 2007 年出版）
5.《西溪沿山十八坞》（杭州出版社 2007 年出版）
6.《西溪历代诗文选》（杭州出版社 2007 年出版）
7.《西溪书法楹联集》（杭州出版社 2007 年出版）
8.《西溪历史文化探述》（杭州出版社 2007 年出版）
9.《西溪胜景历史遗迹》（杭州出版社 2007 年出版）
10.《西溪的水》（杭州出版社 2012 年出版）
11.《西溪的桥》（杭州出版社 2012 年出版）
12.《西溪游记》（杭州出版社 2012 年出版）
13.《西溪丛语》（杭州出版社 2012 年出版）
14.《西溪画寻》（杭州出版社 2012 年出版）
15.《西溪民俗》（杭州出版社 2012 年出版）
16.《西溪雅士》（杭州出版社 2012 年出版）
17.《西溪望族》（杭州出版社 2012 年出版）
18.《西溪的物产》（杭州出版社 2012 年出版）
19.《西溪与越剧》（杭州出版社 2012 年出版）
20.《西溪医药文化》（杭州出版社 2012 年出版）
21.《西溪民间风情》（杭州出版社 2012 年出版）
22.《西溪民间故事》（杭州出版社 2012 年出版）
23.《西溪民间工艺》（杭州出版社 2012 年出版）
24.《西溪古镇古村落》（杭州出版社 2012 年出版）
25.《西溪的历史建筑》（杭州出版社 2012 年出版）
26.《西溪的宗教文化》（杭州出版社 2012 年出版）
27.《西溪与蕉园诗社》（杭州出版社 2012 年出版）

28.《西溪集古楹联匾额》（杭州出版社 2012 年出版）
29.《西溪蒋坦与〈秋灯琐忆〉》（杭州出版社 2012 年出版）
30.《西溪名人》（杭州出版社 2013 年出版）
31.《西溪隐红》（杭州出版社 2013 年出版）
32.《西溪留下》（杭州出版社 2013 年出版）
33.《西溪山坞》（杭州出版社 2013 年出版）
34.《西溪揽胜》（杭州出版社 2013 年出版）
35.《西溪与水浒》（杭州出版社 2013 年出版）
36.《西溪诗词选注》（杭州出版社 2013 年出版）
37.《西溪地名揽萃》（杭州出版社 2013 年出版）
38.《西溪的龙舟胜会》（杭州出版社 2013 年出版）
39.《西溪民间语言趣谈》（杭州出版社 2013 年出版）
40.《西溪新吟》（浙江人民出版社 2016 年出版）
41.《西溪商贸》（浙江人民出版社 2016 年出版）
42.《西溪原住民记影》（浙江人民出版社 2016 年出版）
43.《西溪创意产业园》（浙江人民出版社 2016 年出版）
44.《西溪渔文化》（浙江人民出版社 2016 年出版）
45.《西溪旧影》（浙江人民出版社 2016 年出版）
46.《西溪洪氏》（浙江人民出版社 2016 年出版）
47.《西溪的美食文化》（浙江人民出版社 2016 年出版）
48.《西溪节日文化》（浙江人民出版社 2016 年出版）
49.《千年古刹——永兴寺》（浙江人民出版社 2017 年出版）
50.《自画西溪旧事》（杭州出版社 2018 年出版）
51.《西溪民间武术》（杭州出版社 2018 年出版）
52.《西溪心影》（杭州出版社 2018 年出版）
53.《西溪教育偶拾》（浙江人民出版社 2019 年出版）
54.《西溪湿地原住民口述史》（杭州出版社 2019 年出版）
55.《西溪花语》（杭州出版社 2019 年出版）
56.《廿四节气里的西溪韵味》（杭州出版社 2019 年出版）
57.《名人与西溪・漫游篇》（浙江人民出版社 2019 年出版）
58.《名人与西溪・世家篇》（浙江人民出版社 2019 年出版）
59.《名人与西溪・梵隐篇》（浙江人民出版社 2019 年出版）
60.《名人与西溪・乡贤篇》（浙江人民出版社 2019 年出版）
61.《名人与西溪・文苑篇》（浙江人民出版社 2019 年出版）
62.《西溪梅文化》（杭州出版社 2019 年出版）
63.《西溪食经》（浙江科学技术出版社 2020 年出版）

64.《西溪青少年研学读本：民间故事》（杭州出版社 2021 年出版）
65.《西溪青少年研学读本：动物植物》（杭州出版社 2021 年出版）
66.《西溪青少年研学读本：民俗文化》（杭州出版社 2021 年出版）
67.《西溪青少年研学读本：人文景观》（杭州出版社 2021 年出版）
68.《西溪青少年研学读本：诗词散文》（杭州出版社 2021 年出版）
69.《西溪青少年研学读本：研学百科》（杭州出版社 2021 年出版）

运河（河道）丛书

1.《杭州运河风俗》（杭州出版社 2006 年出版）
2.《杭州运河遗韵》（杭州出版社 2006 年出版）
3.《杭州运河文献（上下）》（杭州出版社 2006 年出版）
4.《京杭大运河图说》（杭州出版社 2006 年出版）
5.《杭州运河历史研究》（杭州出版社 2006 年出版）
6.《杭州运河桥船码头》（杭州出版社 2006 年出版）
7.《杭州运河古诗词选评》（杭州出版社 2006 年出版）
8.《走近大运河·散文诗歌卷》（杭州出版社 2006 年出版）
9.《走近大运河·游记文学卷》（杭州出版社 2006 年出版）
10.《走近大运河·纪实文学卷》（杭州出版社 2006 年出版）
11.《走近大运河·传说故事卷》（杭州出版社 2006 年出版）
12.《走近大运河·美术摄影书法采风作品集》（杭州出版社 2006 年出版）
13.《杭州运河治理》（杭州出版社 2013 年出版）
14.《杭州运河新貌》（杭州出版社 2013 年出版）
15.《杭州运河歌谣》（杭州出版社 2013 年出版）
16.《杭州运河戏曲》（杭州出版社 2013 年出版）
17.《杭州运河集市》（杭州出版社 2013 年出版）
18.《杭州运河桥梁》（杭州出版社 2013 年出版）
19.《穿越千年的通途》（杭州出版社 2013 年出版）
20.《穿花泄月绕城来》（杭州出版社 2013 年出版）
21.《烟柳运河一脉清》（杭州出版社 2013 年出版）
22.《口述杭州河道历史》（杭州出版社 2013 年出版）
23.《杭州运河历史建筑》（杭州出版社 2013 年出版）
24.《杭州河道历史建筑》（杭州出版社 2013 年出版）
25.《外国人眼中的大运河》（杭州出版社 2013 年出版）
26.《杭州河道诗词楹联选粹》（杭州出版社 2013 年出版）

27.《杭州运河非物质文化遗产》（杭州出版社 2013 年出版）
28.《杭州运河宗教文化掠影》（杭州出版社 2013 年出版）
29.《杭州运河土特产》（杭州出版社 2013 年出版）
30.《杭州运河史话》（杭州出版社 2013 年出版）
31.《杭州运河旅游》（杭州出版社 2013 年出版）
32.《杭州河道文明探寻》（杭州出版社 2013 年出版）
33.《杭州运河名人》（杭州出版社 2014 年出版）
34.《中东河新传》（杭州出版社 2015 年出版）
35.《杭州运河船》（杭州出版社 2015 年出版）
36.《杭州运河名胜》（杭州出版社 2015 年出版）
37.《杭州河道社区》（杭州出版社 2015 年出版）
38.《运河边的租界——拱宸桥》（杭州出版社 2015 年出版）
39.《运河文化名镇塘栖》（杭州出版社 2015 年出版）
40.《杭州运河旧影》（杭州出版社 2017 年出版）
41.《运河上的杭州》（浙江人民美术出版社 2017 年出版）
42.《西湖绸伞寻踪》（浙江人民美术出版社 2017 年出版）
43.《杭州运河文化之旅》（浙江人民美术出版社 2017 年出版）
44.《亲历杭州河道治理》（浙江古籍出版社 2018 年出版）
45.《杭州河道故事与传说》（浙江古籍出版社 2018 年出版）
46.《杭州运河老厂》（杭州出版社 2018 年出版）
47.《运河村落的蚕丝情结》（杭州出版社 2018 年出版）
48.《运河文物故事》（杭州出版社 2019 年出版）
49.《杭州河道名称历史由来》（浙江古籍出版社 2019 年出版）
50.《杭州古代河道治理》（杭州出版社 2019 年出版）
51.《运河老字号：前世与今生》（杭州出版社 2021 年出版）
52.《百年汇昌：江南水乡滋味长》（杭州出版社 2021 年出版）
53.《孔凤春：杭粉飘香美名扬》（杭州出版社 2021 年出版）
54.《胡庆余堂：药在江南仁在心》（杭州出版社 2021 年出版）
55.《张小泉：良钢精作工匠剪》（杭州出版社 2021 年出版）
56.《王星记：悠悠古扇诉衷情》（杭州出版社 2021 年出版）
57.《都锦生：锦绣百年丝绸花》（杭州出版社 2021 年出版）
58.《知味观：闻香知是江南味》（杭州出版社 2021 年出版）
59.《方回春堂：妙手回春汉方膏》（杭州出版社 2021 年出版）
60.《西泠印社：方寸之间有乾坤》（杭州出版社 2021 年出版）
61.《奎元馆：江南面王冠天下》（杭州出版社 2021 年出版）

62.《运河老字号：传承与发展》（杭州出版社 2021 年出版）
63.《名人与杭州河道·文苑篇》（杭州出版社 2021 年出版）
64.《名人与杭州河道·名宦篇》（杭州出版社 2021 年出版）
65.《名人与杭州河道·侨寓篇》（杭州出版社 2021 年出版）
66.《名人与杭州河道·乡贤篇》（杭州出版社 2021 年出版）
67.《江南食事》（杭州出版社 2022 年出版）

钱塘江丛书

1.《钱塘江传说》（杭州出版社 2013 年出版）
2.《钱塘江名人》（杭州出版社 2013 年出版）
3.《钱塘江金融文化》（杭州出版社 2013 年出版）
4.《钱塘江医药文化》（杭州出版社 2013 年出版）
5.《钱塘江历史建筑》（杭州出版社 2013 年出版）
6.《钱塘江古镇梅城》（杭州出版社 2013 年出版）
7.《茅以升和钱塘江大桥》（杭州出版社 2013 年出版）
8.《古邑分水》（杭州出版社 2013 年出版）
9.《孙权故里》（杭州出版社 2013 年出版）
10.《钱塘江风光》（杭州出版社 2013 年出版）
11.《钱塘江戏曲》（杭州出版社 2013 年出版）
12.《钱塘江风俗》（杭州出版社 2013 年出版）
13.《淳安千岛湖》（杭州出版社 2013 年出版）
14.《钱塘江航运》（杭州出版社 2013 年出版）
15.《钱塘江旧影》（杭州出版社 2013 年出版）
16.《钱塘江水电站》（杭州出版社 2013 年出版）
17.《钱塘江水上运动》（杭州出版社 2013 年出版）
18.《钱塘江民间工艺美术》（杭州出版社 2013 年出版）
19.《黄公望与〈富春山居图〉》（杭州出版社 2013 年出版）
20.《钱江梵影》（杭州出版社 2014 年出版）
21.《严光与严子陵钓台》（杭州出版社 2014 年出版）
22.《钱塘江史话》（杭州出版社 2014 年出版）
23.《桐君山》（杭州出版社 2014 年出版）
24.《钱塘江藏书与刻书文化》（杭州出版社 2014 年出版）
25.《外国人眼中的钱塘江》（杭州出版社 2014 年出版）
26.《钱塘江绘画》（杭州出版社 2014 年出版）
27.《钱塘江饮食》（杭州出版社 2014 年出版）

28.《钱塘江游记》（杭州出版社 2014 年出版）
29.《钱塘江茶史》（杭州出版社 2015 年出版）
30.《钱江潮与弄潮儿》（杭州出版社 2015 年出版）
31.《之江大学史》（杭州出版社 2015 年出版）
32.《钱塘江方言》（杭州出版社 2015 年出版）
33.《钱塘江船舶》（杭州出版社 2017 年出版）
34.《城·水·光·影——杭州钱江新城亮灯工程》（杭州出版社 2018 年出版）
35.《名人与钱塘江·贤宦篇》（杭州出版社 2020 年出版）
36.《名人与钱塘江·文苑篇》（杭州出版社 2020 年出版）
37.《名人与钱塘江·贤达篇》（杭州出版社 2020 年出版）
38.《名人与钱塘江·乡贤篇》（杭州出版社 2020 年出版）
39.《名人与钱塘江·梵隐篇》（杭州出版社 2020 年出版）

良渚丛书

1.《神巫的世界》（杭州出版社 2013 年出版）
2.《纹饰的秘密》（杭州出版社 2013 年出版）
3.《玉器的故事》（杭州出版社 2013 年出版）
4.《从村居到王城》（杭州出版社 2013 年出版）
5.《良渚人的衣食》（杭州出版社 2013 年出版）
6.《良渚文明的圣地》（杭州出版社 2013 年出版）
7.《神人兽面的真像》（杭州出版社 2013 年出版）
8.《良渚文化发现人施昕更》（杭州出版社 2013 年出版）
9.《良渚文化的古环境》（杭州出版社 2014 年出版）
10.《良渚文化的水井》（浙江古籍出版社 2015 年出版）
11.《建构神圣——良渚文化的玉器、图像与信仰》（浙江古籍出版社 2021 年出版）

余杭丛书

1.《品味塘栖》（浙江古籍出版社 2015 年出版）
2.《吃在塘栖》（浙江古籍出版社 2016 年出版）
3.《塘栖蜜饯》（浙江古籍出版社 2017 年出版）
4.《村落拾遗》（浙江古籍出版社 2017 年出版）
5.《余杭老古话》（浙江古籍出版社 2018 年出版）

6.《传说塘栖》（浙江古籍出版社 2019 年出版）
7.《余杭奇人陈元赟》（浙江古籍出版社 2019 年出版）
8.《章太炎讲国学》（上海人民出版社 2019 年出版）
9.《章太炎家书》（上海人民出版社 2019 年出版）
10.《余杭老古话续编》（浙江古籍出版社 2021 年出版）
11.《余杭山水形胜》（浙江古籍出版社 2021 年出版）

湘湖（白马湖）丛书

1.《湘湖史话》（杭州出版社 2013 年出版）
2.《湘湖传说》（杭州出版社 2013 年出版）
3.《东方文化园》（杭州出版社 2013 年出版）
4.《任伯年评传》（杭州出版社 2013 年出版）
5.《湘湖风俗》（杭州出版社 2013 年出版）
6.《一代名幕汪辉祖》（杭州出版社 2014 年出版）
7.《湘湖诗韵》（浙江古籍出版社 2014 年出版）
8.《白马湖诗词》（西泠印社出版社 2014 年出版）
9.《白马湖传说》（西泠印社出版社 2014 年出版）
10.《画韵湘湖》（浙江摄影出版社 2015 年出版）
11.《湘湖人物》（浙江古籍出版社 2015 年出版）
12.《白马湖俗语》（西泠印社出版社 2015 年出版）
13.《湘湖楹联》（杭州出版社 2016 年出版）
14.《湘湖诗词（上下）》（杭州出版社 2016 年出版）
15.《湘湖物产》（浙江古籍出版社 2016 年出版）
16.《湘湖故事新编》（浙江人民出版社 2016 年出版）
17.《白马湖风物》（西泠印社出版社 2016 年出版）
18.《湘湖记忆》（杭州出版社 2016 年出版）
19.《湘湖民间文化遗存》（西泠印社出版社 2016 年出版）
20.《汪辉祖家训》（杭州出版社 2017 年出版）
21.《诗狂贺知章》（浙江人民出版社 2017 年出版）
22.《西兴史迹寻踪》（西泠印社出版社 2017 年出版）
23.《来氏与九厅十三堂》（西泠印社出版社 2017 年出版）
24.《白马湖楹联碑记》（西泠印社出版社 2017 年出版）
25.《湘湖新咏》（西泠印社出版社 2017 年出版）
26.《湘湖之谜》（浙江人民出版社 2017 年出版）
27.《长河史迹寻踪》（西泠印社出版社 2017 年出版）

28.《湘湖宗谱与宗祠》（杭州出版社 2018 年出版）
29.《毛奇龄与湘湖》（浙江人民出版社 2018 年出版）
30.《湘湖图说》（浙江人民出版社 2018 年出版）
31.《萧山官河两岸乡贤书画逸闻》（西泠印社出版社 2019 年出版）
32.《民国湘湖轶事》（浙江人民出版社 2020 年出版）
33.《清代湘湖轶事》（浙江人民出版社 2020 年出版）
34.《寻味萧山》（杭州出版社 2020 年出版）
35.《名人与湘湖（白马湖）·鸿儒大家篇》（杭州出版社 2020 年出版）
36.《名人与湘湖（白马湖）·文苑雅士篇》（杭州出版社 2020 年出版）
37.《名人与湘湖（白马湖）·贤达名流篇》（杭州出版社 2020 年出版）
38.《名人与湘湖（白马湖）·乡贤名绅篇》（杭州出版社 2020 年出版）
39.《名人与湘湖（白马湖）·御迹臣事篇》（杭州出版社 2020 年出版）
40.《湘湖百桥》（浙江摄影出版社 2021 年出版）

研究报告

杭州研究报告

1.《金砖四城——杭州都市经济圈解析》（杭州出版社 2013 年出版）
2.《民间文化杭州论稿》（杭州出版社 2013 年出版）
3.《杭州方言与宋室南迁》（杭州出版社 2013 年出版）
4.《一座城市的味觉遗香——杭州饮食文化遗产研究》（浙江古籍出版社 2018 年出版）

西湖研究报告

《西湖景观题名文化研究》（杭州出版社 2016 年出版）

西溪研究报告

1.《西溪研究报告（一）》（杭州出版社 2016 年出版）
2.《西溪研究报告（二）》（杭州出版社 2017 年出版）
3.《湿地保护与利用的“西溪模式”——城市管理者培训特色教材·西溪篇》（杭州出版社 2017 年出版）
4.《西溪专题史研究》（杭州出版社 2018 年出版）

5.《西溪历史文化景观研究》（杭州出版社 2019 年出版）
6.《旅游符号学视阈中的景观保护与利用研究——以杭州西溪湿地为例》（杭州出版社 2020 年出版）
7.《杭州西溪湿地审美意象实证研究》（杭州出版社 2021 年出版）

运河（河道）研究报告

1.《杭州河道研究报告（一）》（浙江古籍出版社 2015 年出版）
2.《中国大运河保护与利用的杭州模式——城市管理者培训特色教材·运河篇》（杭州出版社 2018 年出版）
3.《杭州河道有机更新实践创新与经验启示——城市管理者培训特色教材·河道篇》（杭州出版社 2019 年出版）
4.《杭州运河（河道）专题史研究（上下）》（杭州出版社 2019 年出版）

钱塘江研究报告

1.《钱塘江研究报告（一）》（杭州出版社 2013 年出版）
2.《潮涌新城：杭州钱江新城建设历程、经验与启示——城市管理者教材》（杭州出版社 2019 年出版）

良渚研究报告

《良渚古城墙铺垫石研究报告》（浙江古籍出版社 2018 年出版）

余杭研究报告

1.《慧焰薪传——径山禅茶文化研究》（杭州出版社 2014 年出版）
2.《沈括研究》（浙江古籍出版社 2016 年出版）

湘湖（白马湖）研究报告

1.《九个世纪的嬗变——中国·杭州湘湖开筑 900 周年学术论坛文集》（浙江古籍出版社 2014 年出版）
2.《湘湖保护与开发研究报告（一）》（杭州出版社 2015 年出版）
3.《湘湖文化保护与旅游开发研讨会论文集》（浙江古籍出版社 2015 年出版）

4.《湘湖战略定位与保护发展对策研究》（浙江古籍出版社 2016 年出版）
5.《湘湖金融历史文化研究文集》（浙江人民出版社 2016 年出版）
6.《湘湖综合保护与开发：经验·历程·启示——城市管理者
培训特色教材·湘湖篇》（杭州出版社 2018 年出版）
7.《杨时与湘湖研究文集》（浙江人民出版社 2018 年出版）
8.《湘湖研究论文专辑》（杭州出版社 2018 年出版）
9.《湘湖历史文化调查报告（上下）》（杭州出版社 2018 年出版）
10.《湘湖（白马湖）专题史（上下）》（浙江人民出版社 2019 年出版）
11.《湘湖研究论丛——陈志根湘湖研究论文选》
（浙江人民出版社 2019 年出版）

南宋史研究丛书

1.《南宋史研究论丛（上下）》（杭州出版社 2008 年出版）
2.《朱熹研究》（人民出版社 2008 年出版）
3.《叶适研究》（人民出版社 2008 年出版）
4.《陆游研究》（人民出版社 2008 年出版）
5.《马扩研究》（人民出版社 2008 年出版）
6.《岳飞研究》（人民出版社 2008 年出版）
7.《秦桧研究》（人民出版社 2008 年出版）
8.《宋理宗研究》（人民出版社 2008 年出版）
9.《文天祥研究》（人民出版社 2008 年出版）
10.《辛弃疾研究》（人民出版社 2008 年出版）
11.《陆九渊研究》（人民出版社 2008 年出版）
12.《南宋官窑》（杭州出版社 2008 年出版）
13.《南宋临安城考古》（杭州出版社 2008 年出版）
14.《南宋临安典籍文化》（杭州出版社 2008 年出版）
15.《南宋都城临安》（杭州出版社 2008 年出版）
16.《南宋史学史》（人民出版社 2008 年出版）
17.《南宋宗教史》（人民出版社 2008 年出版）
18.《南宋政治史》（人民出版社 2008 年出版）
19.《南宋人口史》（上海古籍出版社 2008 年出版）
20.《南宋交通史》（上海古籍出版社 2008 年出版）
21.《南宋教育史》（上海古籍出版社 2008 年出版）
22.《南宋思想史》（上海古籍出版社 2008 年出版）
23.《南宋军事史》（上海古籍出版社 2008 年出版）

24.《南宋手工业史》（上海古籍出版社 2008 年出版）
25.《南宋绘画史》（上海古籍出版社 2008 年出版）
26.《南宋书法史》（上海古籍出版社 2008 年出版）
27.《南宋戏曲史》（上海古籍出版社 2008 年出版）
28.《南宋临安大事记》（杭州出版社 2008 年出版）
29.《南宋临安对外交流》（杭州出版社 2008 年出版）
30.《南宋文学史》（人民出版社 2009 年出版）
31.《南宋科技史》（人民出版社 2009 年出版）
32.《南宋城镇史》（人民出版社 2009 年出版）
33.《南宋科举制度史》（人民出版社 2009 年出版）
34.《南宋临安工商业》（人民出版社 2009 年出版）
35.《南宋农业史》（人民出版社 2010 年出版）
36.《南宋临安文化》（杭州出版社 2010 年出版）
37.《南宋临安宗教》（杭州出版社 2010 年出版）
38.《南宋名人与临安》（杭州出版社 2010 年出版）
39.《南宋法制史》（人民出版社 2011 年出版）
40.《南宋临安社会生活》（杭州出版社 2011 年出版）
41.《宋画中的南宋建筑》（西泠印社出版社 2011 年出版）
42.《南宋舒州公牍佚简整理与研究》（上海古籍出版社 2011 年出版）
43.《南宋全史（一）》（上海古籍出版社 2011 年出版）
44.《南宋全史（二）》（上海古籍出版社 2011 年出版）
45.《南宋全史（三）》（上海古籍出版社 2012 年出版）
46.《南宋全史（四）》（上海古籍出版社 2012 年出版）
47.《南宋全史（五）》（上海古籍出版社 2012 年出版）
48.《南宋全史（六）》（上海古籍出版社 2012 年出版）
49.《南宋全史（七）》（上海古籍出版社 2015 年出版）
50.《南宋全史（八）》（上海古籍出版社 2015 年出版）
51.《南宋美学思想研究》（上海古籍出版社 2012 年出版）
52.《南宋川陕边行政运行体制研究》（上海古籍出版社 2012 年出版）
53.《南宋藏书史》（人民出版社 2013 年出版）
54.《南宋陶瓷史》（上海古籍出版社 2013 年出版）
55.《南宋明州先贤祠研究》（上海古籍出版社 2013 年出版）
56.《南宋建筑史》（上海古籍出版社 2014 年出版）
57.《金人“中国”观研究》（上海古籍出版社 2014 年出版）
58.《宋金交聘制度研究》（上海古籍出版社 2014 年出版）
59.《图说宋人服饰》（上海古籍出版社 2014 年出版）

60.《南宋社会民间纠纷及其解决途径研究》
（上海古籍出版社 2015 年出版）
61.《咸淳临安志宋版京城四图复原研究》
（上海古籍出版社 2015 年出版）
62.《南宋都城临安研究——以考古为中心》
（上海古籍出版社 2016 年出版）
63.《两宋宗室研究——以制度考察为中心（上下）》
（上海古籍出版社 2016 年出版）
64.《南宋园林史》（上海古籍出版社 2017 年出版）
65.《道命录》（上海古籍出版社 2017 年出版）
66.《毗陵集》（上海古籍出版社 2017 年出版）
67.《西湖游览志》（上海古籍出版社 2017 年出版）
68.《西湖游览志馀》（上海古籍出版社 2018 年出版）
69.《建炎以来系年要录（全八册）》（上海古籍出版社 2018 年出版）
70.《南宋理学一代宗师杨时思想研究》（上海古籍出版社 2018 年出版）

南宋研究报告

1.《两宋“一带一路”战略·长江经济带战略研究》
（杭州出版社 2018 年出版）
2.《南北融合：两宋与“一带一路”建设研究》
（杭州出版社 2018 年出版）

通　史

西溪通史

《西溪通史（全三卷）》（杭州出版社 2017 年出版）

辞　典

余杭辞典

《余杭辞典》（浙江古籍出版社 2021 年出版）

杭 | 州 | 全 | 书